¡ESTÁS IGUAL!

¿De qué hablan los amigos cuando se reúnen?

Ruben García (Rugar)
Copyright @2019

South Press Publishing
Kindle Direct Publishing
Segunda impresión: febrero de 2024
10 9 8 7 6 5 4 3 2

Tabla de Contenido

Para Charly, Mariano, Jorge, Julián, Sergio, Mike, el Mono, Ruli y Fernando, porque después de cuarenta años de aguantarme siguen estando al pie del cañón. Para Diego, Chicho, Fer, Martin y Santiago Pogliano, por hacer del barrio San Cristóbal el mejor lugar para vivir. Para los amigos del trabajo que me acompañan en el día a día, y para los cientos de amigos que, como si sol, aunque no los veamos, siempre están.

PRÓLOGO

Cuando teníamos doce años nuestro maestro de séptimo grado, Adrián Ballesteros, nos dijo que los amigos que teníamos en ese momento eran los amigos que íbamos a tener toda la vida. Adrián era un fuera de serie, el maestro que me hizo reconciliarme con las matemáticas, el que me hizo volver al colegio con ganas, pero no entendí sus palabras en esa instancia de mi vida. ¿Quién de nosotros pensaba en el futuro en ese entonces?

Solo el paso del tiempo me hizo comprender cuan cierta era esa frase.

Porque cada vez que nos reunirnos, los ahora padres de familia, hombres de negocios o profesionales, volvemos a tener doce años y las anécdotas de aquellas épocas vuelven a surgir entre las porciones de muzza y fainá, arrancándonos carcajadas hasta las lágrimas y rejuveneciéndonos el alma. Esas reuniones son una verdadera máquina del tiempo, donde los viejos hábitos se encarnan dejando el plano de los recuerdos y convirtiendo a la dura realidad una explosión de nostálgica sensación de plenitud.

En este libro intento capturar un poco de esa magia de los setenta, ochenta y noventa para que todos puedan revivir lo que era ser un pibe en una era analógica, cuando patear una pelota armada con una media de nylon afanada a la vieja era uno de los placeres más grandes de la vida, y en el que tener un amigo con un Atari 2600 aseguraba que las tardes de lluvia no era una tarde perdida.

Bienvenidos a la época de la inocencia, al mejor tratamiento de rejuvenecimiento. Para que la próxima vez que el lector se encuentre con un viejo conocido al que no veía hace años, éste le diga:

—¡Estás igual! —

Rugar

PREFACIO

PREFACIO

TODA BUENA HISTORIA EMPIEZA con un buen personaje, y esta no es la excepción. La diferencia es que en este caso hay múltiples protagonistas, y conocerlos es clave para disfrutar el contexto. Señas particulares, alias y otras chauchas que le ponen condimento al relato.

Claro que nos vamos a situar en tiempo y espacio en los ochenta para hacerlo más divertido.

Veamos.

CHARLY

Señas particulares: piel blanca como papel secante, cuando empieza a reírse se pone tan colorado que parece que va a explotar. A propósito, su risa es tan contagiosa que, aunque uno no sepa cuál es el chiste, no puede evitar reírse también hasta el borde de las lágrimas. Sin embargo, su principal atributo es su corazón: Charly no se avergüenza en mostrar sus sentimientos y está siempre dispuesto a abrir su alma a las personas que ama, lo que lo hace genuino y sincero, un verdadero hermano para quien escribe estas líneas.

Hobbies: coleccionar autitos. En su punto más álgido llegó a tener más de mil, haciendo feliz a la "simpática", la vendedora de la juguetería de Rivadavia y Pueyrredón. Se sospecha que en el 84 la "simpática" logró la comisión más alta del local gracias al hobby de Charly.

Consola y computadora preferidas: Atari 2600 y ZX Spectrum. En la primera batió el record del Miss Pacman luego de jugar veinte horas ininterrumpidas.

Superpoder: dibujar a Mazinger Z y Spiderman. Inolvidable el episodio en donde Spiderman persigue a un avión que termina estrellándose en el brazo extendido al cielo de la estatua de la libertad.

Serie de TV preferida: División Miami. El look Don Johnson que exhibió en el asalto de Jorge fue todo un éxito.

Marca de auto: Ford. La marca del óvalo azul siempre fue la debilidad de los Báez, con varios modelos de Ford Taunus en su haber. Destacó sobre todo un hermoso ejemplar de color dorado metalizado.

Música favorita: amplio repertorio que abarca desde Luis Miguel hasta Bon Jovi. Un potente equipo Technics con parlantes de diez mil watts PMPO reproducían los álbumes para fastidio de los vecinos de Catamarca y Alsina.

Restaurante predilecto: la Gata Alegría de Independencia y Pichincha, donde el plato por excelencia era la fugazzeta, una pizza de doble masa rellena de muzzarella y cubierta generosamente con cebolla. En el 85 tuve el honor de ser invitado a la cena anual de graduación en la prestigiosa pizzería, una tradición familiar de los Baez que tenía lugar al terminar el curso lectivo.

Película de referencia: toda la saga de Rocky, Top Gun y Relámpago azul. Cuando Adrián asignó la tarea de contar una historia en el frente, mi hermanito relató el largometraje sobre el helicóptero justiciero con un increíble lujo de detalles incluyendo los efectos especiales.

Deporte practicado: caminar por la calle Santa Fe disfrutando del solcito porteño y, porque no, de la vista femenina, acompañado de su amigo Rugar. El trayecto era más o menos el mismo: Jujuy / Pueyrredón hasta Santa Fe y Callao y luego pegar la vuelta. Paradas obligadas en Héctor Pérez Pícaro y Electrodomésticos Scioli para pispiar las últimas novedades tecnológica.

Equipo de fútbol y posición en la cancha: Ferrocarril Oeste, campeón del Torneo Nacional del 84. Charly era arquero, con un estilo vistoso de atajadas voladoras que hacían recordar las del guardameta verdolaga, Carlos Barisio.

MARIANO

Alias: Cheíto, Búfalo Navarro, MVN, Zurita, ¡Mota Botello!!

Señas particulares: se lo conoce por su risa fácil y contagiosa, así como su afición a hacer comentarios jocosos. Puede usar gorras de béisbol, y no se puede resistir a comer la nata de la leche ajena. Además, es un tipo de fierro, capaz de dar la vida por un amigo y un poco más también.

HOBBIES: COLECCIONAR discos techno y "ñu bit", con los que ejerce su oficio de Dee Jay bajo el seudónimo "MVN". Entre los incunables de la colección figuraban "La Z 95" y "La batalla de los Disc-Jockey", con selección de temas a cargo de "BB Sanzo".

Consola y computadora preferidas: las Nintendo Game and Watch y la Commodore 64 C. junto a Rugar y su hermano Ezequiel lograron terminar el juego "Montezuma´s revenge". Los gritos de celebración fueron más altos que cuando Maradona metió el gol a los ingleses.

Superpoder: gran habilidad para hacer voces al estilo del negrito de Locademia de policía, lo que hace que el almacenero se distraiga fácilmente.

¡ESTÁS IGUAL!

Serie de TV preferida: el Club de la Computadora y Brigada "A", aunque a decir verdad esta era la serie preferida por todos.

Marca de auto: la cupé Fuego hizo que la marca del rombo ganara en Mariano un adepto más. El amor por ese modelo de Renault se perpetuó en el tiempo hasta que finalmente adquirió una poderosa unidad en los noventa, blanca como las nieves del Aconcagua y veloz como el viento Zonda. Por desgracia, era demasiado rápida para las calles de Buenos Aires, y el sueño terminó cuando el 101 se la llevó puesta en la esquina de San Juan y Rioja. La barra entera lloró ante los restos de metal retorcido de la flecha blanca.

Artistas favoritos: Technotronic, The Beatmasters, Coldcut, Confetti's, Eric & The Good God Feeling

Restaurante predilecto: The Embers, Pumper Nic y el restaurante estilo viejo oeste que tenía el viejo en el microcentro. Fue épico el cumpleaños de once de Mariano donde conocí por primera vez las papas soufflé, redonditas como mini pelotas de ping-pong, con puertas vaivén tipo Saloon, piano y barra, y hasta los mozos vestidos a tono con las películas de vaquero.

Película de referencia: Volver al Futuro. Hay un cierto parecido con Marty Mc Fly que no se puede negar.

Frase célebre: "¡Cara de Muppet!" y "¡McEnroe!"

Deporte practicado: arrojar todo tipo de objetos desde los balcones. Cada vez que Mariano pisa una superficie elevada no puede resistir la tentación de elegir un peatón como blanco para sus bombuchas, papelitos abollados y hasta los restos del almuerzo.

La adrenalina cuando las víctimas tocaban el timbre enfurecidos y en busca de venganza era incomparable, así como el julepe que nos pegamos esa vez que se nos cayó una maceta desde el cuarto piso de Deán Funes y casi aplastamos un perro salchicha por accidente.

Equipo de fútbol y posición en la cancha: Boca Juniors, aunque debe ser el único hincha xeneise que no es fanático. En el campo de juego es un volante de enlace, también llamado Mediocentro.

Tradicionalmente usa el 8 y juega en una posición de transición al ataque, creando fútbol por el medio campo con mucha dinámica y fluidez. En pocas palabras, es un delantero con responsabilidades en tres cuartos de cancha.

SERGIO

Alias: Negro, Sergito.

Señas particulares: morocho cachetón de ojos verdes. Afirma que, como el negro de la propaganda del chocolate Águila, nació rubio y de ojos azules. A decir verdad, muy pocos le creen por falta de evidencia fotográfica que respalde su historia y por su naturaleza proclive a la exageración (todavía estamos esperando el micro que prometió para llevarnos a celebrar su cumpleaños en el McDonald's), pero lo que nadie pone en duda su corazón generoso y su alma sensible que le dan un don de gente difícil de igualar.

HOBBIES: FILATELISTA empedernido, es un gran habitué del parque Rivadavia, donde suele trenzarse en feroces operaciones de intercambio con octogenarios cascarrabias bajo el centenario ombú. Se desconoce el valor de la colección, aunque se especula que Sergio es un tío Mac Pato que se zambulle en un mar de sellos postales.

Computadora: Atari 800 XL. El primer cartucho que compró fue el Gyruss, juegazo de naves con scroll circular con una de las mejores bandas musicales. Por supuesto batió todos los records a fuerza de jugarlo durante seis meses seguidos en exclusividad como era habitual en los ochenta.

Superpoder: mantener con vida a los pescaditos que sacábamos de los lagos de Palermo, incluso durante años, hasta que se convertían de simples mojarritas en temibles pirañas.

Serie de TV preferida: Beverly Hills 90210

Música favorita: MC Hammer. Sergio era un bailarín eximio, y era capaz de bailar el famoso tema "Can't Touch This" (conocido popularmente" como "Que Enchastre") como nadie.

Restaurante predilecto: la pizzería "El Globito" de Caseros y La Rioja.

Película de referencia: toda la saga de Pesadilla en la calle Elm.

Deporte practicado: pesca deportiva. Sergio es un paciente pescador, deporte cuya afición heredó de Revoredo Senior, y para el cual se equipa de manera concienzuda, preparando personalmente los aparejos y fabricando él mismo las plomadas.

Frase célebre: "¡Que te pasa, flaco, que te surto!" y "Me voy con los amigos que me escuchan"

Equipo de fútbol y posición en la cancha: River Plate. Como buen millonario, Sergio sigue los pasos de Daniel Passarella en su puesto de defensor central. Poseedor de la fuerza característica del típico zaguero, con Sergio en la defensa a los delanteros se les hace casi imposible marcar un gol.

MIGUEL

Alias: Mike, el chueco.

Señas particulares: rubión y medio cascarrabias en el exterior, en el interior es en realidad más tierno que el osito Teddy en La Noche del Domingo con el ruso Sofovich.

COMO AMIGO, A ESTE descendente de asturianos se lo podría definir con una frase: no importa lo mal que se pongan las cosas, Mike siempre está.

Hobbies: correr, andar en bicicleta y putear a los jugadores de San Lorenzo que se meten atrás a defender el resultado, putear a los profesores de contabilidad, putear a los políticos de derecha, putear a los automovilistas que invaden la bicisenda, y en general, putear a quien se lo merece.

Merece un párrafo aparte la colección de monedas y la cocción de jamón crudo.

Computadora preferida: Commodore 64 C. las partidas del International Karate Plus sacaban lo mejor de las puteadas de Mike, sobre todo en la pantalla de Bonus con las pelotas rebotadoras.

Superpoder: construir de todo, desde bibliotecas hasta parrillas.

Serie de TV preferida: Martillo Hammer. La admiración de Mike por el irascible justiciero lo llevó a comprar un traje igualito al de él.

Marca de auto: Volkswagen. La versión break del 1500 se hizo un lugar en el hogar de los Salvatierra, con un soberbio ejemplar en tono amarillo maíz equipado con caja de cambios manuales de 5 velocidades, dos apoyacabezas en los dos asientos delanteros acorde con las máximas normas de seguridad internacional, radio-pasacasette para poner a Metallica a todo volumen, y tacómetro para que el conductor pudiera advertir qué velocidad de rotación era peligrosa para el potente motor del 1500 y así adecuar la marcha.

Música favorita: Metallica, Ironmaiden y Soda Stereo.

Restaurante predilecto: pizzería San Antonio de Garay y Boedo. Imperdible el especial de la casa, la fugazzeta doble masa con queso fresco en lugar de muzzarella.

Deporte practicado: fútbol. Legendaria la aparición que hizo en un popular programa de entretenimientos del antiguo canal once haciendo jueguito con la pelota. El secreto para hacer durar la pelota en movimiento el mayor tiempo posible sin tocar el piso: usar la rodilla a full.

Equipo de fútbol y posición en la cancha: San Lorenzo. Mike es un especialista en jugar de media punta en una posición de ataque y repartiendo fútbol con mucha dinámica y fluidez por el medio campo.

JORGE

Alias: la vieja, George.

Señas particulares: el más alto de la barra, no tolera afrenta alguna, y más de una vez Zanardo se libró de una dura reprimenda. Pobre diablo, no sospecha lo cerca que estuvo de la muerte.

AMIGO ENTRAÑABLE, JORGE siempre tiene la palabra de aliento en el momento adecuado.

Hobbies: volar aviones de aeromodelismo, volar en aviones como piloto, y las motos de alta competición.

Literatura: revista Solo Fútbol, "La revista que más sabe de fútbol". Menos glamorosa que El Gráfico, aparecía los lunes a la noche y cubría el fútbol del ascenso, incluyendo al querido Huracán de Jorge.

Computadoras preferidas: Texas Instruments 99 y la Commodore 64 C.

Superpoder: recordar todas las estadísticas de la revista Solo Fútbol y las fórmulas químicas que para el resto de los mortales les causa daño cerebral.

Serie de TV preferida: Martillo Hammer.

Marca de auto: Peugeot. El 504 era un fierrazo increíble, un todo terreno que llevó a la barra en más de una excursión de pesca.

Música favorita: Rata Blanca, Metallica, Europe, y la banda de sonido de la película "Flashdance". Durísimo el momento en que le robaron el casette de la guantera del auto.

Restaurante predilecto: el Pumper Nic de avenida Rivadavia y La Plata. Nada como el sándwich Mobur y una porción extra grande de papas fritas Freny's para hacerle honor a su famoso su eslogan, "La nueva forma de comer"

Película de referencia: Rambo II.

Frase célebre: "tenía un cartucho de ocho mil balas que no se terminaba nunca". La sola mención de la película Rambo II hacía que se repitiera esta frase al menos cinco veces.

Deporte practicado: Fútbol.

Equipo de fútbol y posición en la cancha: Club Atlético Huracán. Haciendo uso de su altura, una característica física muy valorada para la posición, Jorge juega como dueño del área chica, atento en todo momento para cubrir de forma rápida y eficaz la portería.

JULIÁN

Alias: Juli.

Señas particulares: como en la propaganda del secarropa de "el kohinoor", es poderoso el chiquitín. Poseedor de una energía inagotable, Juli es capaz de estar en movimiento veinticuatro horas sin cansarse, y cuando todos los demás cayeron desmayados, ir a jugar un picadito con los amigos.

Amigo de los amigos, siempre se puede confiar en Julián para prestar una oreja en tiempos de adversidad.

Consola y computadora preferidas: Panasonic 3DO y Commodore 64. La energía que Juli desplegaba en el campo de juego se asemejaba mucho al del juego de fútbol "Microprose Soccer", sobre todo cuando le pegaba de comba, donde la redonda replicaba el efecto "banana" del juego a la perfección.

SUPERPODER: FIEL AL dicho "lo atamo' con alambre", Juli es capaz de arreglar cualquier cosa con lo que tiene a mano, una especie de McGyver criollo.

Serie de TV preferida: Robotech. Al igual que muchos seguidores de esta joya del animé, Juli ama la primera y tercera temporada, pero se pregunta qué diablos les pasó a los autores cuando hicieron la segunda, así de mala es, la pucha.

Marca de auto: Audi, aunque el fitito siempre va a ocupar un lugar privilegiado en su corazón.

Música favorita: AC/DC.

Restaurante predilecto: el restaurante del SuperCoop de Humberto Primo y Maza. Cuando Juli hacía uso de la opción Buffet, la cadena operaba a pérdida, y las malas lenguas dicen que el voraz apetito de su comensal habría sido una de las causales de la quiebra de la famosa cooperativa.

Película de referencia: esperando la carroza.

Frase célebre: "¡Hay que fotocopiarlo, Julián!"

Deporte practicado: Fútbol.

¡ESTÁS IGUAL!

Equipo de fútbol y posición en la cancha: River Plate. Julián es un 10 clásico que sabe "esconder la pelota" a los contrarios, gambetear y resistir las faltas cuando sube con sorpresa.

Siguiendo el ejemplo de su ídolo, el "Beto" Alonso, se las arregla para jugar de espalda, saber girar, retener y conducir el balón en tres cuartos de cancha; para jugar con claridad incisiva en el ataque rompiendo la línea defensiva del rival con triangulaciones y pases entre líneas, y, por último, manejar los tiempos y ritmos del partido.

JOSÉ

Alias: Mono

Señas particulares: grandes cejas y corazón aún más grande, el mono es un amigo sincero y transparente con el que siempre se puede contar.

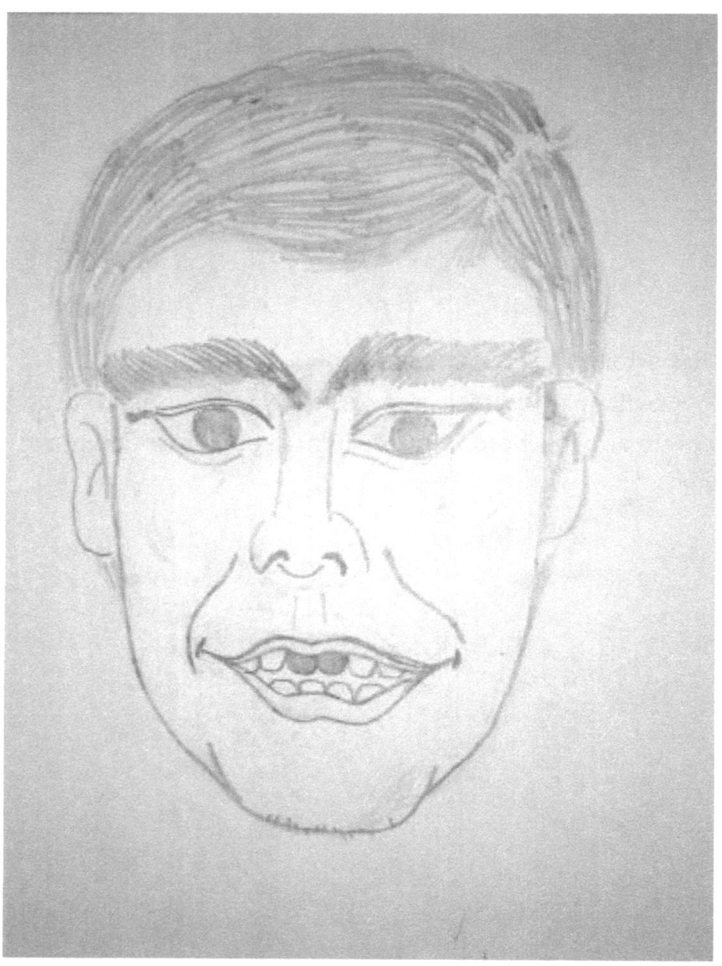

"WHAT YOU SEE IS WHAT you get", José puede parecer que responde a esta premisa, pero detrás de la dura fachada de vigilante de la ley se esconde un ser sumamente sensible, como bien sabemos sus amigos.

Hobbies: perseguir potenciales delincuentes por la calle y tirar baldes de agua a los transeúntes y colectivos desde el primer piso de su casa de Moreno y Catamarca.

Consola y computadora preferidas: Atari

¡ESTÁS IGUAL!

Superpoder: ver las películas del canal Playboy sin necesidad de usar un codificador. Adonde los demás solo ven figuras deformadas, José es capaz de observar todo como si se tratase de una pantalla de alta definición.

Serie de TV preferida: Martillo Hammer y cualquier programa adonde aparezca Catherine Fullop haciendo gimnasia.

Marca de auto: Ford. El modelo Falcon de preferencia.

Música favorita: Bon Jovi. Nadie hace la mímica del vídeo de Jon Bon Jovi extendiendo la mano mientras canta la balada "Always" como José.

Restaurante predilecto: el comedor del Santa Cruz y los patys de Martin.

Película de referencia: Robocop, Harry el sucio y Cobra. Se rumorea que además tiene una debilidad por las películas de "The Film Zone" que pasan a la madrugada, aunque el mismo rumor parece rondar al resto de los miembros de la barra. Interrogado acerca de la veracidad de tales afirmaciones comentó.

—Jamás lo hice ni lo volveré a hacer —

Deporte practicado: Tiro al blanco. Es especialmente habilidoso con los blancos móviles que usan gorrita y dicen "¡QUE HACE AMEEEO!"

Equipo de fútbol y posición en la cancha: Ferrocarril Oeste (¡otro más!).

La posición de José es la de un volante de salida, también llamado volante central, centro half, o mediocentro organizador.

Generalmente juega adelante de la zona de contención en la mitad de la cancha. Suele usar el número 8 y a veces el 6 en la espalda. José es rápido como Cacho Saccardi y mañoso como su ídolo del club de Caballito Oscar Garré, y tiene la capacidad para distribuir el balón a toda la cancha aportando claridad e inteligencia en el juego.

RAÚL

Alias: Ruli

Señas particulares: testarudo como buen gallego que se precie de ser, es también generoso, amable, pero por todas las cosas, un excelente amigo. Es uno de los pocos que pasa la prueba de la mugre de Charly, una marca con birome que le hacía a sus compañeros en la nuca para ver si se bañaban.

Hobbies: leer las noticias económicas

Computadora preferida: Commodore 64 equipada con todo, mouse, Geos, y hasta un lápiz óptico para dibujar directamente sobre la pantalla del televisor.

Superpoder: mantenerse soltero

Serie de TV preferida: Pepe Carvalho, Los gozos y las sombras y el noticiero de Televisión Española.

Marca de auto: Ford.

Música favorita: Nino Bravo, Los dos españoles y Ana Kiro.

Restaurante predilecto: Betanzos, el Centro Lalín y el restaurante del Centro Lucense. En la dieta de Raúl no puede faltar el jamón crudo, una generosa porción de rabas de entrada y el pulpo a la gallega acompañado con papas hervidas rociadas con aceite de oliva extra fino.

El bacalao tampoco se desprecia.

Película de referencia: Las cosas del querer.

Frase célebre: "¡Coño! ¡Qué rápido se acaban las hojas!"

Deporte practicado: Fútbol.

Equipo de fútbol y posición en la cancha: Club Atlético Independiente.

Al mejor estilo del "Luli" Ríos, Ruli juega como marcador de punta, generalmente con el número 4, por los costados de la defensa.

RULI SE DESTACA POR su habilidad para taponar las subidas de los punteros y aleros, para ayudar en la permuta y relevos de las marcaciones, y para reforzar el juego aéreo en el área central.

FERNANDO

Alias: el chino

Señas particulares: un tipazo por donde lo vean, el chino es uno de los alumnos más inteligentes del Instituto Santa Cruz, pero también uno de los más atorrantes. Claro que ese es también uno de sus atributos más destacados, y lo que lo hace un amigo entrañable.

Hobbies: Perseguir a Huguito durante los recreos.

Computadora preferida: Commodore 64.

SUPERPODER: PASAR DE año sin tocar un libro

Serie de TV preferida: Fútbol de Primera.

Marca de auto: Ford. El Ford Falcon estacionado frente a la tintorería de 24 de noviembre y Juan de Garay era toda una institución.

Música favorita: Soda Stereo.

Restaurante predilecto: Nikkai (Asociación Japonesa en Argentina) Fernando era un fanático del noble arte de comer pescado crudo mucho antes de que se hiciera fashion.

Momento memorable: cuando Fernando entró con el señor Yamada a la iglesia del Santa Cruz a recibir el diploma de graduación.

Película de referencia: Héroes.

Deporte practicado: Fútbol.

¡ESTÁS IGUAL!

Equipo de fútbol y posición en la cancha: San Lorenzo.

Fernando juega como mediocampista externo, y suele llevar la camiseta 11. Su principal habilidad es la de abrir el juego por las bandas para dejar espacio entre líneas, con centros, rápidos para abastecer a los delanteros de pelotas aéreos.

RUBÉN

Alias: Rugar, gaita

Señas particulares: sombra de barba, Rugar es tranquilo hasta que le tocan el culo, momento en el cual explota y se vuelve impredecible.

HOBBIES: FILATELISTA por asociación con su amigo Sergio.

Consola y computadora preferidas: Coleco Vision y Commodore 128.

Batió records mundiales en el Donkey Kong luego de jugar seis meses corridos cuatro horas al día.

Superpoder: comer tres sánguches de flauta de jamón crudo y queso sin respirar.

Serie de TV preferida: el auto fantástico y el Show de la pantera rosa.

Marca de auto: Renault.

Música favorita: Phil Collins, Paul McCartney, Pet Shop Boys, Madonna, Michael Jackson y todo lo que suene a pop de los ochenta.

Restaurante predilecto: Pizzería Oberá de San Juan y La Rioja.

Película de referencia: Las de Rocky hasta la IV y la trilogía de Volver al Futuro.

Deporte practicado: Fútbol.

Equipo de fútbol y posición en la cancha: River Plate.

Rugar juega como centrocampista, con habilidad para realizar labores de contención, de recuperación y de destrucción del juego ofensivo del rival, muy en el estilo de Américo Gallego.

AMIGOS SON LOS AMIGOS

La *barra querida*

EL CLON DE CHARLY

Extrañaba demasiado a mi amigo.

Y es que Charly es más que un amigo. Es el hermano que nunca tuve, mi hermano del alma. Desde los 11 años, cuando lo vi dibujando una historieta del hombre araña y yo le mostré la mía, fuimos inseparables. Claro que como buenos machos que somos, primero nos citamos a una pelea a la salida del colegio, en la esquina de General Urquiza y Estados Unidos, frente a la mismísima Iglesia de la Santa Cruz. Como era habitual en esos casos, la mitad del curso fue a ver la pelea, con la morbosidad ancestral que persigue a los hombres desde que Caín levanto la mano contra su sangre. Pero para decepción de los púberes espectadores, luego de chocar mochilas un par de veces Charly se detuvo, me miro durante un breve instante y me preguntó:

— ¿Querés venir a casa a tomar la merienda?

— ¡Si dale, buenísimo!

Imaginen como me sentí cuando mi hermano dejó el bullicio de la ciudad para ir a vivir con Lore, su flamante esposa, a la tranquilidad de la lejana Necochea. ¡Y no es que lo culpe, eh! Yo había hecho lo mismo dos años antes yéndome a California, a la loma del quetejedi. Parte del proceso de crecer. Y reconozco que Charly es más maduro que yo, porque Pao y yo aguantamos apenas dos años y nos volvimos, pero él y Lore encontraron su lugar en el mundo. Pero, aun así, entendiendo que era lo mejor para él, no podía dejar de sentir la angustia del vacío que me provocaba su ausencia.

Así que me compré un clon de Charly.

Al principio a Paola no le gustó nada la idea:

— ¿Vos te volviste loco? ¿Adónde vas a meter a un clon de Charly? — desesperó

— ¿Que?? Charly va a vivir en casa?? Siiiii! Grito de alegría Pili

Y es que mi hermano, además de ser ocurrente y rápido como una saeta, tiene la risa más contagiosa del planeta. Cuando viene a visitarnos Pili no deja de reír hasta que vuelve a Necochea. Así que mi hija me salvó de la ira conyugal.

Sin embargo, ya desde el vamos me di cuenta que algo no andaba bien. Cuando hicimos el maratón de Rocky me dijo que se aburría, y tampoco le interesaba ver el capítulo de división Miami donde aparece la Ferrari Testarossa echando chispas por la Avenida Collins. El Charly que yo conocía había ido al baile de Jorge con la camisa y el pantalón blanco de Don Johnson y tenía la colección completa de las películas de Sylvester Stallone. Tampoco le gustaban los panchos, ¡algo totalmente ridículo! Más allá de que a veces comíamos los panchos radioactivos de la Plaza Miserere, es imposible no recordar las delicias extra large del Doggie´s de la calle Florida.

Porque cerró ese emporio salchichero es uno de los misterios de la vida.

Pero esta versión degradada del gran Báez se cuidaba tanto en las comidas que hasta rechazaba las medialunas de ``la Argentina``

— Pero clon de Charly, a vos te encanta desayunar café con leche con medialunas. ¡Mira las fotos que sube a Facebook el original todos los días!

Y ni hablar cuando le quise mostrar mi colección de autos clásicos (a no confundir, no son juguetes, son ``modelos coleccionables``) tratando de levantarle el alicaído entusiasmo. Nada, che. No había nada de lo que me gustaba a mí que lo hiciera emocionar. Cero bola.

Casi como si no recordara nuestra rutina diaria: después del colegio sesión de Atari o Coleco Vision (dependiendo si yo iba a Catamarca y Alsina o el venía a Deán Funes), caminata por Pueyrredón hasta Santa

Fe piropeando chicas –todo un desafío teniendo en cuenta que éramos dos salamines de 11 años-, merienda con mate cocido o chocolatada Superpibe y galletitas Lincoln viendo a Mazinger Z, sesión de dibujo –hombre araña, Mazinger, Robotech, He Man, el auto fantástico y hasta historietas de creación propia como el agente 427, el hombre nada, Colecoman o Rayo), hacíamos los deberes con la ayuda de la internet de los 80, los libracos del Árbol de la Sabiduría, y cuando venía el papá de Charly íbamos en el Taunus Giah dorado a la juguetería de ``la simpática 'a comprar un autito.

Si le pagaban comisión, ``la simpática`` se debe haber hecho millonaria con Charly.

PORQUE EN ESE ENTONCES no era como ahora que se pueden comprar los Hot Wheels chinos en el Carrefour por 20 mangos, no Señor. Los autitos eran una cosa seria: en la punta de la pirámide estaban los Machtbox ingleses, los Majorette franceses y los Tomica japoneses, los más caros y mejores, pero de modelos internacionales, después venían los Buby nacionales y que eran mis preferidos porque eran los autos que se veían en la calle todos los días, y debajo de todo estaban los Galgo, bien argentos y plasticosos, ¡eran los mercenarios de los autitos! Como olvidar la camioneta de Brigada A (que era la misma de V invasión extraterrestre), el auto de la pantera rosa –apenas un formula 2 pintado de rosa-, el auto de los duques de Hazard con llavero, el camión de BJ, y el mejor de todos por lejos, el auto fantástico ``con luz`` y con chivo de las pilas incluido (``recomendamos usar pilas Eveready`` decía en la caja) No se puede ser más genial que esto.

¡ESTÁS IGUAL!

PARECE QUE FUE AYER nomas que salimos de la juguetería, Charly con un Sierra y yo con la coupé Fuego, tan felices como si hubiéramos comprado los originales en la concesionaria.

La rutina diaria terminaba con el papá de Charly llevándome al almacén. Todos los días. Sin duda Miguel era una masa: cuando íbamos al Italpark nos esperaba seis horas en el estacionamiento. Cuando se fue al cielo no pude evitar quebrarme al hablar con Charly, y el llanto me golpeó sin piedad.

Pero por alguna razón que me era incomprensible, el clon de Charly no apreciaba nada de lo que nos unía con su original. ¿Se habría olvidado? De acuerdo al folleto de la empresa Clon-Arte se garantizaba un 100% de las memorias, así que ese no podía ser el problema.

Encima cuando hacia un chiste me dejaba pagando siempre, ni una sonrisa se le asomaba en el inexpresivo rostro. Me hacía acordar cuando en tercer año falté el primer día de clases y me tuve que sentarme en primera fila con el pelado: cada vez que pasaba algo gracioso escuchaba un ``Sniff, ¡sniff!`` y cuando me daba vuelta riéndome me encontraba con el pelado serio como una tapia, tapándose un orificio nasal con un dedo y largando aire por el otro. Un año entero cayendo como un chorlito, y el pelado no se reía ni por joda. ¡Y mirá que había cosas para reírse! Como esa vez que Rosella, la profesora de Educación Cívica, estaba de espaldas charlando con las chicas y Charly le empujó el pupitre a Sergio hasta que le quedó la cara a un centímetro de la cola de la bien formada educadora:

— Revoredo, ¿qué está haciendo?? Le preguntó cuándo se dio media vuelta y se encontró con el sudoroso y angustiada rostro de su pupilo

¡O como cuando Charly le quiso decir un piropo en italiano a Cicarella!

Cicarella era nuestra profesora de geografía, una confesa amante del idioma del Dante y con generosas curvas que despertaba las pasiones de mi efusivo hermano. En su afán de encontrar reciprocidad y provocar similares sentimientos en la susodicha damisela, le pidió al tano Giloni que le dijera una frase de amor en italiano, y el gancho Giloni, que solía entrar a la mañana con un hilo de baba pero que una vez al año podía tener una chispa de genialidad, se le acercó y le susurró algo al oído. Envalentonado con la valiosa información, Charly se levantó y con una sonrisa seductora se acercó a Cicarella y, apoyándose con una mano en el escritorio y le dijo:

— Profesora, *¿facciamo l'amore?*

— ¿Como??— le preguntó Cicarella, que no podía dar crédito a lo que estaba escuchando

— *¿facciamo l'amore?*— Le volvió a preguntar el aspirante a Romeo, que seguía convencido de la galantería de sus dichos

Por un instante se produjo un tenso silencio, todos los ojos puestos en Cicarella, expectantes a la reacción de la destinataria de la explosiva frase. Pero, para sorpresa de todos, se sonrió y soltó un despreocupado:

— Ay Báez, ¡qué terrible que es!!

La coquetería femenina había sido más fuerte que cualquier prejuicio jerárquico. Y tengan en cuenta que eran los 80, ¿eh? ¡En esa época no se judía!

¿Entonces...adonde estaba la desfachatez que todos conocíamos y amábamos? ¿Qué significaba esta anodina versión de Charly?

Al final me di cuenta: Charly había uno solo, y ningún clon lo podía sustituir. Eventualmente el insulso clon consiguió un oscuro trabajo en un aburrido puesto del Estado, y lo dejé irse de Monroe sin protestar. Aquel no era mi amigo de toda la vida y nunca lo iba a ser.

Aproveché el primer fin de semana largo y me fui con toda la familia a Necochea. A ver al verdadero Charly. Cuando tocamos el timbre atendió Mary, la mamá de Charly:

— ¡Dios los bendiga! Que linda sorpresa, pasen, — nos recibió Mary con su habitual cariño, -ya le aviso a Carlos

— ¡Rugar, hermanito, que alegría verte de nuevo! — me dijo mientras nos dábamos un abrazo gigante

¡ESTÁS IGUAL!

Mucho había cambiado desde la última vez que nos habíamos visto: Miguel ya no estaba, y el mate y el Clarín gritaban en silencio su ausencia en la mesa de la cocina. Y pese a todo, el vacío imposible de cubrir se iluminaba con la vocecita de Connie, la hijita de Charly. Inexorablemente, la vida continua, enriquecida por el paso de aquellos que precedieron a las nuevas generaciones.

Mientras Pao charlaba con Lore, Charly me hizo una seña y salimos al jardín.

— Cuanto misterio Charly. ¿Todo bien? — le pregunté, intrigado

— Tengo que mostrarte algo, —me respondió, mientras caminábamos al cuarto de herramientas

Abrió la puerta y lo que vi me tomó totalmente por sorpresa. Lo miré y, casi al unísono, comenzamos a reír estruendosamente, una de esas risas interminables que le hacen doler la panza a uno y que sacan lágrimas.

Y entre carcajadas, me preguntó:

— Rugar, ¿y ahora qué carajo hago con tu clon??

MAZINGER
Z

CONOCIENDO A MARIANO

La verdad no me acuerdo como ni porqué, pero un día Mariano se me acercó en el recreo y me dijo:

—Hoy nos juntamos a tomar la leche en casa. ¿Querés venir? —

—¿Eh? Bueno, dale —

La propuesta me había tomado por sorpresa, pero una invitación a tomar la leche nunca se rechazaba. Yo había entrado al Santa Cruz en cuarto grado, y si bien me llevaba más o menos bien con todo el mundo, dos años después todavía seguía con un número limitado de amigos. Básicamente dos: Horacio, con su inseparable perro pekinés "Petete", y Diego, al que todos llamábamos por su apellido: "Quiroga". También era muy amigo de Roxana, claro, pero ella era una chica, y entonces medio como que no contaba porque las chicas "andaban en otra".

Pero sexto grado iba a ser un año bisagra en mi circuito afectivo de amigos del colegio, y todo empezó con aquella invitación.

La casa de Mariano me pareció una mansión. En mi mente infantil, la casa de dos pisos de Humberto Primo y Matéu era la residencia de los Beverly Ricos, lleno de juguetes y con más gatos que gente. Todo estaba preparado para una tarde de sana y tranquila diversión, pero uno de los comensales tenía un temperamento que iba a poner a prueba la paciencia del anfitrión: un enérgico asturiano de rubias mechas y potente voz que como un torbellino puso la casa patas para arriba.

Era Miguel Ángel, que de ángel no tenía nada.

Todavía me acuerdo de la cara de espanto de Mariano cuando Miguel agarró el auto a control remoto y lo hizo volar desde la terraza hasta la calle. Nada parecía calmar a aquel tsunami en miniatura, hasta que Mariano nos llevó al sótano y nos contó la historia del fantasma que habitaba en la vieja casona de San Cristóbal. Aquello obró el milagro: Miguel se tapó los oídos, espantado por el relato, y no volvió a alborotar más en toda la tarde.

Sin embargo, el relato tuvo un efecto colateral no esperado. El tercer invitado era un fanático de los cuentos de terror, y la historia logró alterarlo sobremanera. El susodicho era un morocho cachetón de ojos verdes llamado Sergio que usaba una campera sin mangas encima del guardapolvos, de color rojo, amarillo y azul y con un enorme logo en la espalda que decía "Tulón".

ESTÁBAMOS TODOS TOMANDO la leche con "Vascolet" y galletitas "Melba", cuando un cuadro que colgaba de la pared del living llamó la atención de Sergio: era la foto de una hermosa vedette rubia, y sin pensarlo dos veces se acercó al retrato hizo un gesto con la mano y dijo haciéndose el banana:

—¡Cuchi, cuchi, cuchi! —

La cara de Mariano se puso blanca como el papel:

—¡Boludo, esa es mi vieja! —

A partir de ese momento la cosa se puso rara; por un lado, Mike se la pasaba mirando de reojo el sótano y el reloj de la pared esperando con impaciencia que se hicieran las seis y lo pasaran a buscar para escapar de aquella casa embrujada, y por otro lado Sergio, evaporada toda su verborragia inicial, tenía ahora la cara colorada y permanecía con la mirada baja, incapaz de cruzarse con los ojos divertidos de Susana, la mamá de Mariano.

Por mi parte, yo estaba muy ocupado jugando al mini-pool con Ezequiel, el hermano menor de Mariano, y casi no me di cuenta cuando tocaron el timbre que ponía fin a la accidentada velada.

—La pasé re-bien, gracias por invitarme — le dije antes de irme

Claro que después de todo lo que había pasado, tenía mis serias dudas de volver a ver a Mariano fuera del ámbito escolar. Además, vivía a diez cuadras de casa. ¡En el otro extremo del mundo!

Así pasaron los meses, terminaron las clases y perdimos contacto.

Ya estaba por terminar el verano y yo estaba atendiendo en el almacén de mis viejos, cuando de pronto escuché a alguien familiar a mis espaldas:

—¡Ji ji ji ji ji! —

Ahí estaba Mariano, risueñamente sorprendido por verme del otro lado del mostrador.

—¡Mariano! ¿Qué haces acá? —

—Nos mudamos acá a la vuelta, en el edificio nuevo enfrente a la Vascongada —

—¡Uuuuhh, está buenísimo ese lugar! —

Mariano se encogió de hombros.

—Sí, está copado, salvo cuando mamá se pone a tomar sol en el balcón y los obreros se ponen a chiflar como locos —

Enseguida vino el correctivo en forma de coscorrón de parte de Susana.

—¡Nene callate! —

Para cambiar el tema le pregunté:

—¿Que va a llevar? —

¡ESTÁS IGUAL!

Mientras despachaba el pedido, Mariano se seguía riendo, sin poder acostumbrarse todavía a verme en el rol de almacenero. Cuando terminé de atenderlos, me preguntó:

—¿Querés venir a tomar la leche? Hoy pasan "El club de la computadora" en el 7—

Lo pensé medio segundo y le respondí:

—¡Bueno dale! —

Al fin y al cabo, ¿Qué podía salir mal? —

EL MEJOR CUMPLE
DE MI VIDA

A mí siempre me gustó festejar los cumpleaños, propio y ajenos.

Ser un pibe en los 80 tenía sus limitaciones y sus ventajas. Por un lado, no había lugares temáticos como salones con guerra de láseres, o "Escape Rooms", ni nada de eso, pero, por otro lado, la ignorancia puede ser una bendición, porque lo poco que teníamos se apreciaba mucho más. En esa época se estilaba hacer una fiesta con los compañeros y amigos del barrio en la casa, se organizaban juegos, se pasaban los discos de moda, se soplaban las velitas, y cuando te ibas a tu casa te daban una bolsa con chiches de plástico como souvenir.

Era un golazo.

En general, no había nada muy sofisticado. Los juegos eran cosas simples: la mancha —donde siempre se rompía alguna lámpara— , el cuarto oscuro cuando había chicas invitadas—siempre se rompía un velador—, las carreras de autitos, las bolitas —la mejor eran las japonesas, hechas de sulfuro, transparentes y con unos adornos futuristas en el interior, aunque también estaban las lecheritas, las bolitas chinas de vidrio, las azules y los bolones, las más caras de todas— , y el tinenti —que se podía jugar con bolsitas de arena, piedras pulidas, de la plaza o lo que hubiera a mano —

LA MÚSICA QUE SE PASABA era un verdadero cocoliche. Como no existía el Spotify, se pasaba lo que había en la casa: los Parchís, los 14 Hot Hits, Michael Jackson, el segundo compilado de Música Total y hasta algún disco de Charly García, no se le hacía asco a nada.

La torta preferida era la chocotorta, con mucho dulce de leche "Bamboche" repostero y con chispitas de colores a los costados. Arriba le enchufaban un larguirucho de telgopor, y si tenías suerte te ponían unos jugadores de fútbol o unos autitos de carrera. Otro clásico era la torta de bizcochuelo Exquisita, de vainilla o chocolate, pero siempre con dulce de leche. Y durante la fiesta todo el mundo aprovechaba para comer todo lo que no te dejaban comer en la casa: papas fritas "Bun" (¡Si hacen Krak, son papas Bun!), papas Pay —en ese tiempo toda una novedad —, chizitos, palitos "Pehuamar", maníes, salchichas "de copetín" que se pinchaban con escarbadientes y se bañaban en Savora, panchos, y a veces albondiguitas y hasta hamburguesas. Todo se acompañaba con naranja Fanta o Crush, Teem lima limón, Paso de los Toros y, por supuesto, Pepsi o Coca y Tab para los gorditos.

EN LOS CUMPLEAÑOS MÁS "Top" además de los juegos había algún espectáculo que para nosotros era más grosso que Las Vegas: un payaso, un mago, o mis preferidas, las proyecciones de cine. Cuando se apagaban las luces y comenzaban a proyectarse las imágenes en la pantalla de tela blanca, se producía el milagro: todo el mundo hacía silencio y se sentaba en el piso, con la boca abierta y los ojos redondos como platos, embobados con lo que veían. Nunca te pasaban una película entera, siempre eran partecitas de varias cosas, como el penal que le atajó Fillol a Deyna de Perú o el gol de Kempes a los holandeses en el Mundial 78, la escena inicial de la guerra de las galaxias con Darth Vader respirando como una aspiradora o a Superman dando vueltas alrededor de la tierra para hacer retroceder el tiempo. A nadie le importaba el tema de los spoilers, la capacidad de asombro no se perdía con tanta facilidad.

Otro de los puntos álgidos de la fiesta era reventar la piñata, un globo gigantesco repleto de caramelos y chucherías de plástico: se le ataba una cinta en los ojos al cumpleañero, se le hacía dar vueltas para marearlo, y con un palo de escoba le trataba de apuntar al objetivo. Había que tener cuidado porque el agasajado sacudía el palo para todos lados menos en dirección a la piñata, y si te distraías te podía volar la cabeza de un saque. Indefectiblemente uno de los padres lo terminaba tomando de los brazos para pegarle al globo, y cuando explotaba, el contenido se desparramaba por todas partes, y los pibes se abalanzaban como si lo que caía fueran monedas de oro.

Cuando te ibas de la fiesta venía lo mejor, porque te daban los souvenirs. Por lo general, era una bolsita de plástico blanco con un dibujo de Mickey para los varones y de Minnie para las nenas, y que adentro tenía las mismas cosas que había dentro de la piñata. Pero a veces ligábamos de lo lindo: autitos de colección, Kalkitos y una vez hasta algún disco del sello "Calesita". A mí me había tocado un disco que tenía una canción de cada lado de Alberto Closas, y terminé gastando el tocadiscos de tanto escuchar "La canción de Pecos Bill" y "El bandido Ruiz Rambomba".

SÍ, TENER LA FIESTITA de cumpleaños en la casa con los amigos y los compañeros del colegio era lo más.

El único problema es que nosotros vivíamos en Chacarita, y el almacén de mis viejos estaba en San Cristóbal, donde yo iba al colegio y tenía mis amigos, así que hacer una fiesta en mi casa estaba descartado. No es que no festejara los cumpleaños, pero era siempre con la familia, porque trasladar a mis amigos —y mucho menos a todo el curso— a Chacarita era una misión imposible.

El otro problema era la fecha de mi cumpleaños, que caía siempre durante las vacaciones de invierno, y que hacía muy difícil invitar a los chicos del curso. Así que cuando se aproximaba el mes de julio, empezaba a quejarme y a volver locos a mis viejos, hasta que finalmente un día se pudrieron y a mi vieja se le ocurrió una idea genial: contratar un local de videojuegos durante toda una tarde.

El local en cuestión estaba en la Avenida San Juan pasando Deán Funes, del lado de la cuadra larga antes de la fábrica de la Cunnington donde ahora hay un supermercado Vea. Era un lugar enorme, con mesas de pool y todo tipo de máquinas: el Kung Fu Master, el 1942 y el Galaga, el juego de fútbol que se jugaba en una mesa ratona y sentados, el Decatlón, un juego donde había que sacudir el joystick como loco de un lado para el otro para que el atleta tomara carrera para que pegara el salto en largo, el Frogger, el Pole Position y claro, el clásico e infaltable Pac Man.

La tarde había empezado tranquila, con apertura de regalos: Chicho me regaló un libro de la colección Billiken ("Sandokán, el tigre de la Malasia"), Diego me regaló una colonia Pibes, y el resto me trajo ropa, un autito "Buby", una caja de marcadores "Carioca" y hasta un tarro de Miki-Moko.

¡ESTÁS IGUAL!

COMO ESTÁBAMOS EN VACACIONES de invierno, había invitado a los chicos del barrio: en los 80 no teníamos WhatsApp ni internet ni nada —yo ni siquiera tenía teléfono fijo en el almacén— así que la invitación era boca a boca, y los pibes del cole que no estaban cerca quedaron afuera.

La verdad es que eran todos buenos muchachos.

Además de Chicho y Diego estaban los hermanos Pogliano —Fernando, Martin y Santiago—, Mariano y su hermano Ezequiel, y Horacio. Una banda de atorrantes, bah, gente razonable con sangre en las venas, pero tranquila y que sabía comportarse.

Hasta que llegó Huguito.

Huguito había sido compañero mío en el Federico Moreno hasta tercer grado, pero cuando nos cambiamos al Santa Cruz habíamos quedado en cursos diferentes, él en el "C" y yo en el "B". Mi vieja y la de Huguito habían quedado amigas, así que cuando la casualidad quiso que cuando estábamos llegando al local pasara Huguito con la madre, mi vieja no dudó en invitarlo.

Craso error.

Huguito era como mínimo un chico temperamental, un tanto pasado de rosca, y cuando se unió a la fiesta enseguida revolucionó el gallinero. Primero como nadie le daba bola, se puso a hacer boludeces para llamar la atención, para desesperación de mi vieja que no sabía cómo calmarlo. Primero agarró la bola negra de pool y la tiró como si fuera una pelota de tenis, después casi rompe el paño de la mesa con el taco, y al final trabó la entrada de la ficha del 1942 metiendo una moneda en lugar del cospel del local. Cuando salimos de ahí, el dueño respiró tranquilo.

DE AHÍ NOS FUIMOS A comer a Oberá, la pizzería de San Juan y Rioja y, para mí, la mejor pizza de muzzarella del mundo, con masa bien gruesa y crujiente y con muchas aceitunas como corresponde. Todo el mundo pidió pizza y para acompañar ese manjar, licuado de banana, un combo delicioso pero explosivo.

Dicen que una manzana podrida echa a perder al resto, y tienen razón.

La influencia de Huguito había hecho mella en el grupo, y estaban todos alborotados. Hacíamos tanto quilombo que el polaco —el dueño de la pizzería — le tuvo que pedir tres veces a mi vieja que nos calmara. Pero era inútil, estábamos todos descontrolados, nos reíamos de cualquier pavada y no había nada que nos parara. Hasta que Diego se empezó a reír mientras que estaba tomando y le salió el licuado de banana por la nariz.

EL RESULTADO SE VEÍA venir: el pobre vomitó la pizza y el licuado de banana con leche, y de casualidad no lo siguió el resto. Salimos volando de la pizzería antes de que nos matara el polaco, y la torta quedó para otro momento. Mi vieja estaba como loca, y nunca más se olvidó de aquel cumpleaños catastrófico. Y la verdad es que yo tampoco me olvidé, pero por diferentes razones.

Porque para mí, ese había sido el mejor cumple de mi vida.

RUBEN GARCIA

FULBO

La pelota no se mancha

62

AL FULBO CON CHANCLETAS

En los veranitos era tradición jugar al fulbito en la calle. Jugábamos con una pelota vieja de cuero cosida que ya se le habían salido varios puntos y la cámara amagaba con salirse en cualquier momento. La verdad es que la añeja pelota estaba deformada y la pobre parecía que tenía un chichón, y cuando le pegábamos la disloca agarraba para cualquier lado, si metías un gol era de pura casualidad. Por algo jugábamos sin arquero. La ``cancha``, por llamarla de alguna forma, era la vereda del Federico Moreno y los arcos la pared del colegio y los postes de prohibido estacionar. Definitivamente tenían más uso como arcos que como señales de tránsito, siempre había autos estacionados que peloteábamos sin asco. Incluso el Renault 12 de mi viejo. Y usábamos la pared como un jugador más.

Una tarde-noche nos cayó un regalo del cielo: Fernando se encontró con el loco Vásquez y le contó que la canchita del Santa Cruz estaba abierta y disponible por una hora esa misma noche a las ocho. Gratis. Si juntábamos 6 jugadores él y los del A nos hacían un desafío. La cancha del Santa Cruz era para los estándares del barrio algo así como el Monumental: era una canchita de papi futbol de baldosas rojas con arcos en serio y hasta reflectores y todo. La cancha en teoría era para uso del colegio durante época de clases, pero habían arreglado con Martin (el portero) y por unos pesos les abría la cancha los viernes.

Yo estaba trabajando en el almacén cuando cayó Fernando todo excitado para que largara la máquina de cortar fiambre para ir a jugar. El almacén no tenía aire acondicionado, y en diciembre si afuera hacían 30 grados adentro se sentían como 36. Así que usar zapatillas era sinónimo de una sentencia de muerte. Lo miré a Fernando y casi como una súplica le largué un:

— ¡Boludo, estoy en sandalias!

— No te calentés, pasamos por lo de Mariano y te presta algo

Fácil de decir, pero con un talle 44 y medio tenía pocas esperanzas. Dicho y hecho. Lo más grande que tenía ni me entraba.

— No hay caso muchachos, esta vez paso

— ¡No nos cagues que estamos justos!

— ¡De ultima te quedas en el arco!

No hacía falta mucho para convencerme la verdad. En cinco minutos estábamos plantados en el campo de juego. Yo con mis franciscanas me sentía más como Condorito que como Fillol. Pero al principio anduvo todo bien. Chicho y Mariano defendían, Fernando jugaba en el mediocampo y Diego y Martin atacaban. El partido era parejo, habíamos hecho dos goles y ellos nos habían empatado, pero yo les había tapado otras dos pelotas de gol.

Pero entonces el diablo metió la cola.

Al loco Vásquez no le habían puesto ese apodo de gusto: se vino como una tromba derecho a mi arco:

— ¡Chicho, márcalo que se me viene con todo! — grité

Chicho le sacaba 2 cabezas a Vásquez. Lo salió a marcar y el loco se lo llevó por delante. Literalmente. El loco se levantó del piso como si nada, pero Chicho quedó planchado y agarrándose las partes privadas.

— ¡Me pegó en las bolas! — dijo con total honestidad

— ¡Dale boludo, levántate que se acaba la hora! — gritó alguno del "A" que había puesto plata para pagar la cancha

Pero Chicho estaba *out*. Solo después de muchas vueltas lo convencieron de ir al arco. Lo que quería decir que tenía que salir yo.

Yo y mis chancletas. Pero tampoco me iba a matar, así que me fui para arriba, bien cerquita del arco contrario. Tranquilito.

Ahí estaba yo muy pancho cuando lo veo a Diego que me pasa la pelota. Yo no estaba en condiciones de gambetear así que te hice una pared y se la devolví de primera, patea un bombazo al arco y el arquero la rechazó con los puños y la mandó al córner. Ni lento ni perezoso Diego pateó el tiro libre sin darles tiempo de pensar en nada. Como si fuera una película en cámara lenta, vi como la pelota se elevaba, como se me venían encima los dos defensores, y casi sin pensarlo, mi cuerpo se dio vuelta, se arqueó, mis pies se elevaron despegándose del piso e intentaron hacer una espectacular chilena. Pero entonces una de mis franciscanas se desabrochó y salió disparada por el aire. Mientras caía como una bolsa de papas al piso, la sandalia le pegó a la pelota y se le metió al arquero en el ángulo. Golazo. Los chicos estaban enloquecidos y los otros no lo podían creer.

Años después todavía nos seguimos acordando de ese partido. Y no porque lo hubiéramos ganado, de hecho, perdimos 5 a 3. Pero nadie se acuerda de eso. Lo que quedó en la memoria fue aquel gol.

Cuando nació el primer gol de chancleta.

LA VENGANZA DE LOS PATADURAS

El fútbol era una cosa seria en el colegio. El honor del Instituto Santa Cruz se ponía a prueba cada vez que había un campeonato intercolegial —los famosos "Cocapri"—, y nadie quería perder. Por un lado, nuestro colegio era uno de los pocos que tenía una cancha de fútbol cinco propiamente dicha, y por otro lado los colegios públicos eran mayoría, y nosotros con nuestro uniforme verde y amarillo, dábamos la impresión de ser semiprofesionales, lo que nos proporcionaba una ventaja psicológica.

Sin embargo, la principal rivalidad por lejos era con el colegio Reconquista de Boedo e Independencia. El asunto llegó tan lejos que nos empezamos a enfrentar en la calle, aunque a decir verdad eran ellos los que nos venían a buscar a la salida del colegio, y nosotros salíamos corriendo para el otro lado. Aun así, en la cancha se nos respetaba, y el nombre Santa Cruz tenía su peso. Sí, nuestra habilidad en el campo de juego era legendaria, y cuando rodaba la pelota empezaba la magia.

El único problema era que nadie en nuestro grupo de amigos se contaba entre los jugadores habilidosos del Santa Cruz.

No siempre había sido así, y haciendo memoria creo que la diferencia se empezó a notar más en la secundaria. De hecho, durante los tiernos tiempos de primaria varios de nosotros habíamos jugado algún que otro torneo de fútbol con bastante éxito. Me acuerdo que en el 84 se armó un campeonato interno veintidós equipos, cada uno con el nombre de una provincia diferente. A mí me tocó Córdoba, y pese a que no nos conocíamos entre nosotros llegamos a la final. No ganamos por poco, pero igual nos dieron un medallón gris de estaño de unos diez centímetros de diámetro que hacíamos rodar por la cancha.

La clave era, creo yo, que nos mezclaban a todos, y las habilidades se equilibraban y las diferencias no se notaban. En la secundaria, en cambio, todo eso cambió, y cada grupo armaba su propio equipo. No tenía nada de malo, pero cuando estás en segundo o tercer año, y encima no sos el más habilidoso, la diferencia con los de cuarto y quinto año se notaba demasiado.

Pero era eso, o no jugar, y en tercer año decidimos que esa no era una opción. Formamos un equipo, y nos anotamos con un nombre bien honesto y que nos representaba cabalmente: los "pataduras".

En el arco estaba Charly, con un uniforme completo con rodilleras como corresponde a un arquero de cancha de cemento; en la defensa Jorge —que además era arquero pero había tenido que resignar el puesto para poder armar el equipo — y Sergio; en el mediocampo jugaba yo, un poco retrasado para defender mejor, y en los laterales Mike y Cordero.

En el primer partido los de cuarto año nos masacraron: ni bien sacaron del medio patearon al arco y Charly la sacó al córner con una volada espectacular. Sin perder tiempo patearon el tiro libre y metieron el primer gol de cabeza. Creo que nos hicieron siete goles, estábamos más perdidos que los brasileños contra los alemanes en las semifinales del mundial 2014.

—¡Yo no juego más! — dijo Charly, y Jorge pasó a ocupar el arco

—¡Esta es mi oportunidad! — dijo Raffo, que en el mundo de los pataduras era el más patadura de todos, y no nos quedó otra que dejarlo jugar. Ese campeonato terminamos invictos: perdimos todos los partidos sin excepción.

En cuarto año volvimos a insistir y, —maldito karma—, nos volvió a tocar con el mismo equipo que nos había metido siete goles un año antes, y que ahora estaban en quinto. Esta vez sacamos nosotros del medio, y para asegurarla se la di a Jorge que estaba en el arco. Jorge la agarró con ambas manos e hizo el clásico gesto de los arqueros para que subiéramos. Pateó la pelota para sacar una pelota dividida, con tan mala suerte que le pegó en la espalda a Sergio y la redonda entró en nuestro arco. ¡Empezábamos el partido con un gol en contra!

Pero esta vez teníamos un as bajo la manga.

Cansado de perder, me traje a los amigos del barrio, y los infiltré en medio del partido con la aprobación del resto del equipo. Los de quinto, que se habían relajado después del blooper del gol en contra, no entendían los que estaba pasando. Con Mariano, Fernando y Diego en la cancha, nos pusimos 3 a 1 en el marcador. Abajo, con Sergio caliente como una pipa después del accidente, no pasaba nadie, y los tipos se empezaron a preguntar qué cuernos pasaba, hasta que uno se avivó.

—¡Metieron gente de afuera! ¡Son unos muleros! —

—¡Mulera tu abuela! —

Ahí se descarajinó todo y nos fuimos a las manos. Llovían las piñas y las patadas voladoras, y hasta Raffo pegaba golpes con la bolsita cuadriculada donde llevaba la merienda.

El partido terminó ahí, pero no pudimos volver a meter a los pibes del barrio. Sin nuestros recursos "especiales" no pudimos volver a repetir el resultado. Supongo que un poquito muleros habíamos sido en ese partido. ¿Pero a quien le importaba? Para nosotros había sido como el gol de Maradona a los ingleses en el 86: a los piratas había que ganarles como fuera.

Cuando llegamos a quinto año, nos dijimos, el sufrimiento era cosa del pasado. Finalmente éramos los más grandes del colegio, y había llegado nuestro turno de imponernos ¡Era la venganza de los pataduras! Y al principio parecía que, contra todo pronóstico, nuestro deseo se iba a convertir en dulce realidad: en el primer partido nos tocó jugar con los tiernitos de cuarto, y a fuerza de codazos y juego fuerte ganamos.

Uno a cero, pero ganamos.

El segundo partido, sin embargo, jugamos contra otro equipo de quinto año y nos metieron tres pepas sin asco. Todo se defina en el tercer partido: si ganábamos pasábamos de la fase de grupos, si no, quedábamos afuera para siempre.

La cosa estaba dura, los pibes de cuarto no eran tiernitos como los anteriores, y era difícil llegarles. Había que meter un gol porque el empate no nos servía, pero la pelota no quería entrar. En un momento me quedé con la bola en tres cuartos de cancha y sin nadie a quien pasársela porque estaban todos marcados, y escuché la voz del viejo de Mike gritando desde la tribuna:

—¡gallego, pateá al arco! —

Le hice caso. Como si estuviera jugando al "Microprose Soccer" en la Commodore 64, le pegué con un efecto "banana" imparable, y la pelota le pasó al lado al arquero, muriendo en la red. Por desgracia, no nos duró mucho el festejo: casi al toque nos hicieron un gol de pelota parada. El viejo de Mike, que se había tomado en serio el papel de DT, seguía dando instrucciones como Bilardo en la final contra Alemania.

Y funcionó, porque Mike hizo una pared con Cordero, que hizo un golazo. Faltaban cinco minutos, y ahora solo había que mantener resultado, así que nos metimos todos atrás a defender la ventaja. Pero dicen que como Dios te da, te quita, y en un tiro de esquina, salté para cabecear y rechazarla con los brazos extendidos, y la mano fue tan evidente que no hubo forma de caretearla.

—¡Penal! — sentenció el arbitro

Cuando el ejecutante la mandó a la esquina derecha del arco, Jorge voló como el Goyco contra Serena, y rozó el cuero de la pelota con la punta de los dedos, pero la pérfida siguió su camino, y la red la recibió con los brazos abiertos.

Desesperados, nos fuimos todos arriba para lograr el milagro, pero ya era muy tarde, y el árbitro pitó el final del partido. Todo había terminado, y el sueño de redención había quedado inconcluso, sin revancha ni segunda oportunidad.

¡ESTÁS IGUAL!

En ese momento sentí que la venganza de los pataduras nunca se llegó a concretar, pero con el tiempo me di cuenta que estaba equivocado. Cierto, aquel equipo no ganó ninguna medalla, pero se ganó un recuerdo imborrable en nuestros corazones.

¿Se puede pedir algo más?

EL CUMPLEAÑOS DE SERGIO

Cuando Sergio nos invitó a Ituzaingó para celebrar su cumpleaños, no dudamos un instante en aceptar. Por más que estuviera lejos, no le íbamos a fallar a nuestro amigo: después de años de ir a los cumpleaños en Garro y Urquiza en Parque Patricios, decirle que no hubiese sido una traición.

¡Ah, los cumpleaños en Garro!

Grandes festicholas en el patio del fondo, donde Sergio guardaba su colección de animales exóticos. Al principio, eran ejemplares autóctonos de Buenos Aires, como bagres, limpia fondos y arañas, pero cuando fue a visitar a la familia en Catamarca, la colección se amplió de manera exponencial.

Había como veinte jaulas con todo tipo de bichos: un tero, un sapo, varios pájaros y hasta un zorro colorado, que muchos de nosotros sospechábamos que estaba en peligro de extinción.

Parecía que Sergio había ido de safari y se había traído media Catamarca con él, y viendo las fotos que se había sacado con los familiares del pueblo de Londres, nos terminamos convenciendo de que era así. Con su campera marca Montaigne parecía el señor Burns.

Pero los bichos no eran lo mejor de nuestras reuniones en el PH de Parque Patricios, tampoco los sanguchitos de miga o la torta.

Más bien creo que eran las rondas de chistes y los líos que armábamos sin que nos echaran. Nada tan descontrolado como los quilombos que armábamos en lo de Huguito —aquello ya era destrucción de la propiedad privada — pero igual era una batahola importante. Los niveles de ruido solo eran igualados por la risa contagiosa de Charly, que hacía que te rieras, aunque el chiste fuera malísimo.

Hasta las primas de Sergio se mataban de risa, y eso que los chistes eran bien guarangos, no aptos para la audiencia femenina. Al que le gustaban nuestros chistes era al viejo de Sergio, que se prendía en las interminables tertulias y hasta aportaba alguno de su propio repertorio.

Cuando los viejos de Sergio se compraron un terrenito en Ituzaingó y nos invitó a celebrar en aquellos lejanos lares, nos enganchamos de inmediato.

¡Cómo le íbamos a decir que no!

Nos subimos al micro de larga distancia y nos bajamos en medio de la ruta, justo antes del empalme con el acceso norte: el mono, mariano, Mike, Jorge, Huguito con su camisa celeste y su servidor.

Luego de caminar un kilómetro en el descampado y correr el riesgo de que nos atropellara un camión, finalmente llegamos al barrio.

¡ESTÁS IGUAL!

COMO LA CASA DE SERGIO recién estaba en sus cimientos, hicimos la fiesta en la casa del vecino, un alma generosa y desprevenida que no sabía lo que se le venía encima.

Después de tres horas de aguantarnos, la dueña nos dijo:

—Chicos, tengo una pelota, ¿No quieren ir a la plaza a jugar al fútbol? —

Los varones somos como los perros, nos tiran una pelota y salimos corriendo detrás de ella. Ni bien llegamos a la plaza, unos pibes se nos acercaron, y el que parecía el líder nos preguntó:

—¿Eh, ameos, quieren jugar un picadito? —

Los individuos tenían más pinta de pibes chorros que otra cosa, pero un picadito es un picadito, acá y en la China, y un desafío no se le rechaza a nadie.

Los pibes chorros la pisaban, pero ese día estábamos inspirados, y con un juego defensivo y conmigo arriba de pescador y con mucha suerte, les empezamos a llenar la canasta. Uno, dos, tres a cero, éramos un equipo intratable, y los "ameos" se empezaron a molestar.

Cuando volví a recibir la pelota arriba, gambeteé a un grandote que tenía un tatuaje de la lengua de los Rolling Stones en el brazo, y encaré hacia el arco para meter el cuarto gol. Y entonces todo se descarajinó. El grandote me tiró una puteada, me barrió con un planchazo, y salí volando por el aire como Maradona contra los coreanos en el mundial 86.

—¡QUÉ TE PASA, FLACO, que te surto! — le gritó Sergio mientras le daba un empujón

El cumpleañero estaba como loco, y pronto comenzaron a volar piñas por todos lados. Si no fuera por el viejo de Sergio se armaba la tercera guerra mundial, y menos mal que nos fuimos, porque la plaza se empezó a llenar de los amigos de los pibes chorros, y claramente teníamos todas las de perder.

Por suerte la jornada terminó en paz, y Sergio pudo soplar las velitas con todos los dientes intactos. Aunque por las dudas, ni bien terminamos de comer la torta, nos volvimos a Capital sin demora y silbando bajito.

Al fin y al cabo, siempre iba a haber más cumpleaños en lo de nuestro amigo Sergio, ¡pero vida tenemos una sola!

TARDE
MONUMENTAL

Domingo por medio, las tardes de infancia eran diferentes, especiales. Porque se vestían de rojo y blanco, de cantitos y papelitos de alegría y goles.

Pero debo confesar que lo mejor pasaba fuera del campo de juego, y empezaba cuando salíamos de la casa de mi tía Celia en Cazadores y Blanco Encalada: agarrábamos por Sargento Romero y cuando salíamos a Lidoro Quinteros se nos venía el Monumental encima. Y es que como salíamos a último momento para no hacer la cola en la boletería la cancha ya estaba que reventaba, y a medida que nos acercábamos el brum brum de las hinchadas iba in crescendo a la par de mi impaciencia.

— ¡Vamos, vamos, que va a empezar!— les urgía, desesperado, a mi viejo y al tío Juan

Entonces mi viejo apuraba el paso e íbamos comprando las entradas mientras mi tío, que como buen gallego era de Independiente, se tomaba su tiempo.

Todo el tiempo del mundo.

Al pobre tío Juan le había salido el tiro por la culata: ni bien su joven cuñado bajó del barco, se lo llevó a ver a su amado equipo de casaca colorada. Pero enfrente de los diablos rojos estaba el más Grande, y allí, en el imponente marco del más glorioso templo del futbol y para horror de su anfitrión, el deslumbrado Luis abrazó los colores millonarios para siempre. ¡Menos mal! Si no, me hubiese perdido los placeres que encerraba el Monumental, reservados como un precioso secreto para sus hinchas. Ya solamente ver semejante mole de cemento rugiendo de pasión es un privilegio en sí mismo, pero además hay cosas que solo se ven en el Antonio Vespucio Liberti: se suba por donde se suba, la vista hacia el exterior saca el aliento, de un lado el majestuoso rio y la naturaleza, y del otro lado las pitucas casas y la civilización. ¿Y en que otra cancha los pilotos pasan volando por arriba del campo de juego con el avión de costadete para pispiar el súper clásico?

En la canchita de los primos seguro que no.

La platea es linda, pero nosotros la veíamos de lejos. Para mí, partido era sinónimo de Popu, con los para avalanchas como parte integral del paisaje, el traste apoyado en el frio hormigón y el sol pegando sin piedad en el mate. Fieles aliados eran el diario Crónica a modo de improvisado cojín y el pañuelo en la cabeza con cuatro nuditos en las esquinas cual sendo sombrero. Y si mi viejo se sentía generoso, un vaso de coca, aguada y casi sin gas pero que, por alguna razón inexplicable, en el ámbito de la tribuna se me asemejaba a un néctar divino. ¡Ni hablar de los choripanes del entretiempo! Por más que me hubiera clavado tres platos de ravioles en el almuerzo, me los devoraba como si hubiera hecho la dieta de Mahatma Gandhi durante un año entero.

Allá por fines de los setenta, principio de los ochenta el equipo nos tenía malacostumbrados. Esos pedazos de bestias ganaban todo: el pato Fillol, Luque, Passarella, López, Ártico, Mostaza Merlo, el Beto Alonso, Tarantini, Marcheti, J.J. López, el negro Ortiz...los nombres se alternaban, pero había una constante y era que siempre ganábamos. Tanto, que los equipos chicos ni se gastaban a venir a Núñez, y en el segundo tiempo abrían la entrada visitante para que entrara el que quisiera. Gratis. Oportunidad que por supuesto no iba a desaprovechar mi viejo. Y generalmente estaba todo bien, porque éramos varios los ratones de River que nos prendíamos en la volada, y hasta se armaba una micro hinchada millonaria en la Popu visitante.

Pero esa tarde era diferente: jugábamos contra Estudiantes, y el pincha ratas había llevado una hinchada interesante.

— Quédate piola y no grites los goles, ¿eh? Me advirtió mi viejo

Sí, claro. ¿Porque no me das una Ferrari y me pedís que no la maneje también?

Nos sentamos cerca de la salida, debajo de dos dulces ancianos con paraguas, y al principio anduvo todo bien. El partido estaba 0 a 1 y Estudiantes no solo ganaba, sino que nos tenía en un arco, así que no había mucho punto de conflicto. Hasta que le hicieron faul a Tarantini.

— ¡Qué hijo de pinta! — grité sin poder contenerme

— ¿Porque no te callás nene? — me dijo uno de los ancianitos, que de pronto ya no parecían tan dulces

Mi viejo me fulminó con la mirada y no hicieron falta palabras para entender el mensaje: cállate o te mato yo. Antes la psicología paterna era binaria: o hacías caso o te fajaban. Y juro que me propuse no decir ni pio. Pero a medida que pasaban los minutos River crecía en juego y en situaciones de gol, y cada vez se me hacía más difícil tener el pico cerrado. Me sentía como una olla a presión a punto de reventar. Entonces Passarella metió un golazo.

— ¡GOOOOOOOOOOLLLL!! ¡GOOOOOOLLL!!! —exploté con un grito solitario que rebotó como un eco en la silenciosa tribuna visitante

Casi al mismo instante sentí el paraguazo en la cabeza: el dulce ancianito pincha ratas se había transformado en ogro y me quería pinchar el balero. Mi viejo y el tío Juan lo calmaron como pudieron y sabiamente nos retiramos. El partido termino 1 a 1, y River ganó ese año el campeonato.

Cuando volvimos la tía Celia nos preguntó:

— Y, ¿cómo la pasaron? ¿Tuvieron una linda tarde?

El tío Juan me miró y, con una sonrisa cómplice le respondió:
— ¡Sí, claro! ¡Una tarde Monumental!

LA QUINTA DE CORDERO

Cordero era uno de esos amigos difíciles de descifrar. Se hacía el banana y trataba de encajar con los chetos, pero siempre terminaba con nosotros que, bueno, éramos todo lo contrario de los chetos. Es más, nos seguía a todos lados, y cuando en cuarto año dividieron al "B" porque no había lugar en la secundaria para tres divisiones, Cordero vino con nuestro grupete al "C".

Definitivamente, ahí no había chetos, esos habían quedado todos en el "A".

A la distancia me doy cuenta que ese esnobismo era una mochila que cargaba a su pesar y contra la que luchaba en silencio. y como consecuencia tenía no pocas contradicciones. Por ejemplo, vivía en Caballito y decía que San Cristóbal era un barrio "grasa", pero iba al Instituto Santa Cruz en 24 de noviembre y Estados Unidos y se la pasaba todo el tiempo en el barrio.

Yo creo que parte del problema era que los viejos estaban en una posición económica acomodada, aunque calculo que en diez años les vi la cara dos veces, porque que estaban siempre trabajando. Y aunque eso ahora me parece una cagada, en esa época era un golazo, porque podíamos ir a su departamento y hacer lo que se nos cantara —literalmente — sin que nadie nos dijera nada. El hermano de Cordero tenía una batería y le podíamos dar masa porque nadie se quejaba, podíamos escuchar los chistes guasos de Corona con el volumen al mango y hasta alquilar películas "de horror" —vamos a llamarlas así — en VHS para ver después de educación física mientras tomábamos la leche.

PERO LA MEJOR PARTE de ser amigo de Cordero era cuando nos invitaba a los emprendimientos del viejo, como la pista de hielo de Independencia. En los ochenta estuvieron de moda como también lo estuvieron las canchas de tenis y paddle, los videoclubes, las salas de videojuegos y las de pool. Además de patinar gratis, podíamos tomar toda la coca de máquina y comer todos los panchos que quisiéramos. Mi récord personal eran cuarenta y tres vueltas alrededor de la pista de y cinco súper panchos.

Lo que nos tomó por sorpresa fue cuando nos invitó a la quinta a jugar al fútbol y comer un asado.

Yo no sabía que Cordero tenía una quinta, y menos que le gustaba jugar al fútbol, porque hasta tercer año tenía una contextura más bien robusta, pero de un día para el otro había "pegado el estirón" y perdido todos los kilos que tenía de más de golpe.

El caso es que la dichosa quinta quedaba en Ezeiza y para llegar había que tomar el tren que salía de Constitución, todo un incordio, así que al final fuimos pocos los que nos enguachamos; Sergio, Jorge, Mike, su servidor y Martín Canosa.

Canosa era en muchos aspectos todo lo contrario de Cordero: bien flaco y alto, era un tipo serio y de pensamientos profundos, nada afecto a las bromas pesadas, siempre muy respetuoso de los sentimientos de los demás y un tanto ceremonioso. Por ejemplo, en primer año, en lugar de una mochila usaba un attaché como si fuera un ejecutivo de empresa, con el único detalle de que adentro en lugar de papeles importantes llevaba una revista "Cosmik".

Ese día la iba a pasar muy mal.

La jornada empezó bien temprano, esperando el tren eléctrico a Ezeiza en la terminal del Roca en la estación Constitución. El tren eléctrico era muy lindo, todo nuevito y recién estrenado, pero la frecuencia era de terror, y tuvimos que esperar media hora hasta que se dignó llegar.

Durante esa media hora a Mike le dio hambre, y para sorpresa de todos —eran las nueve de una mañana de invierno— se puso a comer morcilla fría. Para colmo, no tuvo mejor idea que darle de comer a las palomas de la estación pedazos de la morcilla, y armó tal zafarrancho que pronto había una batalla campal entre las plumíferas, que luchaban con furia para quedarse con aquella inesperada fuente de alimento.

Encima empezaron a aparecer unos nubarrones que le hicieron preguntar a Canosa si no sería mejor pegar la vuelta.

—No pasa nada, son unas nubecitas pasajeras— dije yo haciéndome el entendido, —vas a ver que en una hora no queda ni una —

—Pero mirá que el servicio meteorológico pronosticó lluvias — me advirtió

—Esos no saben nada ¡Se equivocan siempre! —

Por fin el tren llegó, pero nuestro destino inmediato no fue la quinta sino la carnicería del pueblo, porque morcillas teníamos, pero la carne no.

—Asado no me queda más — nos dijo el carnicero mientras se metía el dedo meñique en la oreja

—Uy, qué macana, maestro — se lamentó Cordero haciéndose el que lo conocía, —¿y que nos recomienda? —

El carniza hizo un gesto con los dedos como si fuera un chef francés.

—¡Tengo un matambrito que es una manteca! —

Lo único que tenía ese matambre en común con la manteca era la cantidad de grasa que lo recubría, porque después era duro como una roca. Pero bueno, era lo único que había y lo llevamos.

Para colmo cuando llegamos a la casa, nos encontramos con que todo estaba patas para arriba. Unos chorros habían entrado y se habían llevado la mitad de las cosas: el televisor, la heladera, la radio y no sé cuántas cosas más, y lo que no se habían llevado lo habían destrozado.

Cualquier otro habría dado por finalizado el día, pero a Cordero aquello pareció no importarle demasiado.

—No pasa nada — nos dijo, —cada dos por tres entran y se llevan algo —

Después de ayudarlo a ordenar un poco los muebles, nos pusimos a encender el fuego y nos dedicamos a la difícil tarea de intentar cocinar el tan mentado matambrito.

"Intentar" es la palabra correcta, porque esa maldita carne tenía el cuero tan duro que después de dos horas seguía tan incomible como cuando estaba recién puesta sobre la parrilla.

Al final, nos resignamos al hecho que nunca iba a estar a punto y lo sacamos del fuego. Había que cortarlo en pedacitos bien chicos y masticar con paciencia, aunque de mucho no servía porque terminábamos tragando cada bocado enterito.

Dicen que cuando hambre no hay pan duro, pero el que inventó ese refrán probablemente lo habría cambiado si hubiese probado aquel matambrito.

Después de comer, no hubo sobremesa, nos fuimos derechito a jugar al fútbol, aunque como pronto descubrimos, el terreno estaba lleno de piedras y había más baches que en la ruta once, así que había que ir saltando como un tero en medio de la pampa seca. El desastre era cuestión de tiempo, y en efecto a la media hora se escuchó un grito de dolor y Canosa cayó como un roble viejo.

Se había torcido el tobillo y se le caían las lágrimas como si le hubieran amputado una pierna.

—¡Dejate de joder, no es para tanto! — protestó Jorge que tenía la pelota

—¡Córranse que voy a revisarlo! — dijo Sergio haciéndose el Señor Miyagi

Sergio empezó a masajearle el tobillo, pero el paciente cada vez estaba peor y seguía chillando como marrano degollado.

De pronto Cordero apareció con un frasco en la mano.

—¡Ponele este ungüento! — le dijo a Sergio

El improvisado Señor Miyagi le empezó a frotar el tobillo con el "ungüento" y exclamó:

—¡Está calentito! —

Entonces lo vi a Cordero cegándose de risa y me avivé lo que pasaba.

—Boludo, eso no es ungüento ¡Es el pis de Cordero! —

El dolor se le fue a Canosa como por arte de magia, y salió disparado a lavarse la gamba mientras Sergio lo perseguía a Cordero para acogotarlo.

Para rematar un día perfecto, el cielo se terminó de nublar del todo y empezaron a caer unas gotas.

—No es nada — dije persistiendo en mi teoría —¡en un rato se despeja! —

A la media hora llovían teresos de punta, y la excursión se había acabado formalmente. Con la lluvia empapándonos y el frío calándonos los huesos nos volvimos a capital, en silencio y con las caras largas. Cuando nos despedimos tiré un optimista "¡Que se repita!", pero nadie me respondió.

Por supuesto, nunca más volvimos a repetir la experiencia, y nadie habló más del asunto. Sin embargo, a mí no me quedó tan mal recuerdo, y cuando alguien menciona la palabra "quinta", la memoria me lleva a aquella excursión a Ezeiza.

Cuando fuimos a la quinta de Cordero.

EL SANTA CRUZ

El cole siempre está en el corazón

89

EL PROFESOR
CARNIZA

Las profesoras de contabilidad nunca fueron buenas, no sé si porque eran contadoras y no maestras, o simplemente porque en cinco años solo tuvimos dos, y no pudimos probar una variedad más amplia. La primera fue Moreno —que en paz descanse—en primer año, una señora robusta y de carácter fuerte, muy poco afecta a repetir los conceptos y que gustaba mucho de tomar lecciones orales. Pero si Moreno no era la mejor, al lado de Ontano —nuestra profesora de tercero y quinto año — era la maestra del año.

Ontano estaba siempre apurada, supongo que, corriendo detrás de los vencimientos de las Declaraciones Juradas de impuestos, y era obvio que dar clases en un colegio secundario no estaba dentro de sus prioridades. En estado constante de estrés, tenía un talento natural para explicar las cosas sin que se le entendiera nada, lo que hacía que todo el mundo se viera obligado a salir a buscar un maestro particular de contabilidad, convertirse en un autodidacta, o resignarse a bochar la materia.

La búsqueda de un maestro particular no era algo fácil. Había mucho chanta dando vueltas, y encima los profesores de contabilidad escaseaban como el oro. Una vez Fraga, la que era profesora de Legislación Fiscal, se ofreció a "ayudarnos", y le caímos en tropel en el departamento que tenía en San Juan y La Rioja. La supuesta samaritana nos tuvo media hora dándole vueltas a un ejercicio pedorro y de repente se despachó con que le debíamos diez mil australes cada uno.

—¿Qué??— exclamó Charly con incredulidad

—Si —persistió la rubicunda educadora, —es el costo de la clase particular —

—¡A la pelota! — dije yo sin poder contener mi estupor, —la verdad es que no veníamos preparados. ¿Se lo podemos deber? —

Fraga puso cara de pocos amigos, pero a menos que la mina nos pusiera a fregar los platos, no le quedaba otra que aceptar.

—Eh, bueno, supongo que no hay problema, me pueden pagar otro día—

No había terminado de pronunciar la frase que estábamos todos en la calle. Y de más está decir que nunca le pagamos una moneda, pero creo que mucho no le importó porque más tarde se resarció con Ruli, que se transformó en un asiduo asistente a las clases particulares de Fraga. Así que, después de semejante experiencia, era lógico que hubiésemos perdido toda esperanza de encontrar a alguien como la gente.

Hasta que conocimos al profesor carniza.

El carniza era contador público, pero tenía una carnicería en Boedo, más precisamente en la calle Castro Barros entre San Juan y Cochabamba. La primera vez que fuimos con Charly, no le teníamos mucha fe que digamos. Habíamos caído ahí de la mano de Cordero, que Dios sabe de dónde lo había sacado, y había sido una cuestión de costo más que otra cosa; la tarifa del carniza era más que accesible, con lo que le pagábamos no te comprabas ni una revista "Patoruzito" usada, así que no teníamos nada que perder.

Había que ir temprano a la casa del carniza porque a los cinco tenía que abrir la carnicería, y obviamente estaba ocupado con otras cosas, así que a las tres de la tarde estábamos en la puerta. Cordero tocó el timbre y un hombre de unos treinta años apareció en la puerta vestido con un pulóver verde, un pantalón azul de jogging y unos zapatos de vestir negros.

—¡Hola Charly! — le dijo a Cordero, ¿Cómo andás? —

¡ESTÁS IGUAL!

Charly y yo nos miramos sin entender, porque el nombre de Cordero era Diego.

—Ellos son Diego y Miguel — dijo Cordero presentándonos a Charly y a mi

Todo era un delirio, desde la carnicería, pasando por la indumentaria estrafalaria del personaje y hasta el ridículo enredo con los nombres. Pero cuando el carniza empezó a hablar, se produjo una transformación extraordinaria, y el desarropado matarife se convirtió en una especie de dios de la contabilidad.

Su método de enseñanza era único: nunca se sentaba, permanecía de pie y pedía que uno de nosotros le leyera el enunciado. Luego iba desmenuzando el problema en pequeñas partes con una elocuencia y lógica impecables, y con una habilidad increíble, nos iba guiando para que resolviéramos los temas discutidos y alcanzáramos la solución por nosotros mismos. Era un verdadero Sócrates vestido con jogging en lugar de toga, un Lucca Paccioli renacido.

Lo único que tenía en contra era que la higiene del lugar dejaba bastante que desear. El departamento del carniza estaba pegado a la carnicería, y él iba y venía de un lugar para otro con las manos llenas de restos de grasa. Además, había que tener cuidado cuando apoyabas la carpeta porque había cachos de carne picada en la mesa, y el trapo rejilla que el carniza usaba para limpiar estaba lleno de grasa, y en lugar de limpiar dejaba todo peor que antes.

Pronto el resto del curso empezó a tomar clases con el carniza, lo que solo complicó aún más el tema de los nombres, sobre todo cuando íbamos todos juntos; Cordero era Charly, Charly era Cordero, yo era Miguel, Miguel era Rubén, Julián era Jorge y Jorge era Julián.Pero a veces nos confundíamos y cuando el carniza llamaba a Miguel respondía Mike y viceversa.

Al final éramos tantos en las clases que le armábamos unos quilombos terribles, y el peor de todos era Cordero, por supuesto; cuando el carniza nos dejaba solos para ir a atender a los proveedores,

Cordero le escupía el mate, le movía la carne de lugar, le escondía los cuchillos, le pintaba bigotes en las fotos y le revisaba todos los papeles del maletín.

Para colmo de males, como éramos una multitud le peleábamos los honorarios y le terminábamos pagando lo que queríamos.

Yo no sé cómo no nos metió una patada en el orto y nos sacó volando de ahí.

Lo cierto es que a medida que se acercaba el fin de año la presión iba en aumento, y las visitas al carniza se hicieron cada vez más frecuentes. El examen final consistía en la confección de un balance general, una monstruosa planilla desplegable de diez columnas que contenía todo el conocimiento contable acumulado a lo largo de cinco años de secundaria.

Y el carniza cumplió como un duque.

Nunca se negó a dar una mano, siempre al pie del cañón, recibiendo a sus discípulos en los horarios más bizarros, incluso el mismo día del examen a las seis y media de la mañana.

El año terminó y le perdimos el rastro al carniza, hasta que dos meses después, en una calurosa noche de verano, alguien tocó el timbre a la una de la mañana en mi casa de la calle Urquiza. Salí al balcón y ahí, con sus eternos pantalones azules de jogging, chancletas y una remera agujereada, estaba el carniza.

—¡Profe! ¿Qué hace acá? — le grité desde el balcón

—¡Hola Miguel! — me saludó desde la calle, — "Charly" me dio tu dirección, necesito un favor —

En ese momento salió mi viejo en calzones y camiseta con cara de dormido.

—¿Y este gordo quién es? — me preguntó

—Es mi profesor de contabilidad... bueno algo así —

—¿Tu profesor? ¿Y qué carajo quiere? —

—¡Ni idea! — respondí encogiéndome de hombros

En honor a los favores del pasado, lo convencí a mi viejo de bajar y escuchar a nuestro inesperado visitante nocturno.

—¿Me guardás una barra de muzzarella? — preguntó para nuestra sorpresa, —¡pero solo por el fin de semana, eh! —

Nos miramos sin saber muy bien que decir ante aquel pedido bizarro, y finalmente mi viejo respondió:

—Bueno, supongo que puedo hacer un poco de espacio en la heladera del fondo —

Resultó que tuvo que vaciar la heladera, porque la barra de muzzarella era gigante. Y eso no era lo peor, porque el mazacote tenía un olor a mierda insoportable. Claro que eso no fue nada con la bomba que apareció en los periódicos el lunes siguiente: la noticia escándalo del día era que se habían incautado 350 toneladas de muzzarella con materia fecal.

Se hablaba de que más de un tercio de las pizzerías de Buenos Aires y Capital Federal se abastecían con esa muzzarella, y el diario Clarín hablaba de restos un gato muerto y gasoil encontrados junto a la caca en la confección del tradicional queso pizzero. Entonces se empezó a hablar del "narcocuajo". Así llamaban a la actividad de las fábricas clandestina de muzzarella que habían encontrado en Pehuajó, Carlos Tejedor y Bolívar.

¡El carniza había resultado ser un narco de la muzzarella!

Cuando vino al almacén mi viejo se lo llevó aparte y por la cara de espanto del carniza no le dijo nada lindo. El escarmentado narco-lácteo se llevó la barra de muzzarella y nunca más lo volvimos a ver.

Siempre me quedó la espina de que había sido del personaje, y un día que llevé el auto a lavar al "Mondrián" de Castro Barros me hice una escapada hasta lo del carniza, pero la carnicería no estaba más ahí, y en su lugar había un Centro de Estética Integral.

A veces me pregunto qué habrá sido de su vida, si siguió con sus matufias o si finalmente sentó cabeza y abrazó la profesión, aunque la verdad es que en todos estos años jamás lo vi en el Consejo. Conociéndolo, lo más probable es que sea cualquier cosa menos contador.

Pero la verdad es que, para mí, siempre va a ser el profesor.

El profesor carniza.

FERIA DE CIENCIAS

En el año 1984, el mundo se vio inundado de golpe con cambios de todo tipo, como si de repente alguien hubiera abierto una caja de Pandora y el universo se viera invadido de fuerzas nuevas y revolucionarias.

Quizás fue casualidad, pero al mismo tiempo que el mundo se transformaba, nuestro país volvía a vivir en democracia, y con ella empezaron a llegar del exterior todas las películas, la música y los libros que la dictadura había prohibido durante casi una década, como "la naranja mecánica", "la Patagonia rebelde" y "plata dulce". Nacía el "destape": en los kioscos de revistas las chicas aparecían en tanga, en el teatro el boom era Enrique Pinti diciendo malas palabras, las publicidades se llenaron de chicas mostrando la cola (quien no se acuerda de Adriana Brodsky haciendo la propaganda de "Hitachi, que bien se T.V."), y la música no se quedaba atrás. Aparecieron bandas musicales con chicas cantando en malla como las Primas, los ángeles de Smith, y Divina Gloria.

Pero nuestro país no era el único que se destapaba.

En Italia tenían a Sabrina y a la Cicciolina, y de Estados Unidos venían las imágenes de Madonna cantando "Like a virgin", de "Footloose", y, sobre todo, de Michael Jackson, caminando hacia atrás, agarrándose los genitales y moviendo la pelvis. Además de bailar, el tipo cantaba rebién; el álbum "Thriller" no tenía una sola canción mala, algo que era muy raro en esa época donde te comprabas un disco por uno o dos temas. Además, sacaba unos videos alucinantes como Billie

Jean, Beat it, y por supuesto, Thriller, que más que un video clip era una película en sí misma. En el canal 9 había un programa conducido por Domingo Di Núbila llamado "el club de Michael Jackson y sus amigos", donde cada día te pasaban un segundo más de Thriller, y todos practicábamos los pasos del rey del pop mientras los participantes competían ante un Domingo vestido de smoking.

¡Quién iba a imaginar que el rey del pop era un pedófilo!

En ese momento todo el mundo quería bailar como él, y no me da vergüenza admitir que con mi hermanito Charly participamos del concurso de talentos de sexto grado bailando "Billie Jean". Hicimos todo lo que decía el manual de Michael Jackson: usamos el guante, nos arremangamos el pantalón, hicimos el paso hacia atrás, dimos la vueltita y hasta nos agarramos con la mano ahí abajo. Éramos toda una sensación, o al menos hasta que apareció Salemi con un baile novedoso, el breakdance. Salemi movía los brazos haciendo la ola, se acomodaba la cabeza apoyando la mano en la barbilla y hacía el paso del robot, algo nunca visto hasta ese momento.

Obviamente, Salemi ganó el concurso.

El 84 fue también el año en que la tecnología terminó por apoderarse del mundo. En el Super Bowl pasaron la publicidad del Apple Macintosh, en la que una atleta aparecía arrojando un martillo a la pantalla gigante de un "gran hermano". Era la locura total. Unos meses más tarde, durante la apertura de las olimpiadas de Los Ángeles, un tipo volando con una mochila de cohetes en la espalda —como Mafalda con los sifones— aterrizó en medio del estadio, mientras aparecía Lionel Richie cantando "All night long" con una banda de pibes. Parecía que el futuro había llegado para quedarse.

Sin embargo, no todo era color de rosas.

La guerra fría estaba en su apogeo, los rusos les hicieron el boicot a las olimpiadas de Los Ángeles, y ningún atleta de la Unión Soviética pudo participar. Esto no era algo nuevo claro, Estados Unidos había hecho lo mismo cuatro años antes en las olimpiadas de Moscú, y la dictadura argentina se había unido al boicot para chuparle las medias. Esa avivada nos costó carísima, y en Los Ángeles nuestro equipo olímpico no ganó ninguna medalla, y ni figuramos en el medallero.

Toda una generación de deportistas se había perdido y ya no quedaba casi memoria de los logros olímpicos alcanzados en el período 1924-1952. Sin una mísera medalla, los Juegos de los Ángeles marcaron el peor momento del olimpismo argentino, uno más de los tantos muertos que los milicos le habían dejado al pobre Alfonsín, que no ganaba para disgustos.

Mientras en Los Ángeles el mundo occidental participaba de las olimpiadas, los rusos no paraban de fabricar bombas nucleares, y Reagan anunciaba el programa de defensa "Star Wars", una red de satélites para detener los misiles intercontinentales en pleno vuelo. Hollywood tomó nota, y sacaron dos películas apocalípticas de la hostia: "Juegos de guerra", donde un pibito jugaba a la guerra termonuclear global conectándose por el módem con una súper-computadora del Pentágono, y "Terminator", con el gran Schwarzenegger haciendo de un ciborg asesino que viajaba en el tiempo. En televisión, estaba a full "El auto fantástico" y se estrenaba "El club de la computadora", con una banda de nerds que usaban la Commodore 64 como si fuera una IBM de un millón de dólares.

La guerra fría no se limitaba a la tierra, se extendía también al espacio. Los rusos tenían la estación espacial, habían sido los primeros en enviar sondas planetarias, a Venus y Marte, y tenían a Svetlana Yevguénievna Savitskaya, la primera mujer en caminar en el espacio. Por su parte, los yanquis habían ido a la luna, tenían los transbordadores espaciales y estaban construyendo el Telescopio espacial Hubble. Y lo mejor de todo, las dos superpotencias se habían puesto a competir para ver quien lograba enviar al primer hombre a Marte.

En medio de este clima de revolución tecnológica, el colegio decidió organizar una Feria de Ciencias, la primera desde que yo estaba en el Instituto Santa Cruz. A la hora de elegir el tema para la feria, la mitad del curso eligió "Buenos Aires", la verdad, un claro candidato a ser el ganador. No solo era una idea genial, sino que además la madre de Bárbara Signoli trabajaba en el Estado y tenía una película promocional en ocho milímetros, de esas que se pasaban en un proyector, todo un golazo.

Probablemente lo mejor hubiera sido elegir ese tópico, pero había cuatro locos que teníamos metido el asunto de los astronautas, los planetas y la tecnología como una idea fija en la cabeza, y después de una breve deliberación anunciamos nuestro tema para la exposición: la exploración del espacio.

En el grupo estábamos Charly, Santiago Corrales, Pablo Díaz y yo, y muchas ganas de armar algo. Que le pusimos garra, no hay dudas. Fuimos al centro a una fábrica de telgopor, en la calle Uruguay, y compramos dos planchas, tres bolas chicas y una grande —tipo bola de discoteca, pero sin los espejitos—, un cilindro, y un cubo. Las planchas las usamos para las maquetas, en una pusimos un cohete Vostok ruso como la que había llevado a Yuri Gagarin, y en la otra una sonda Mariner americana de esas que exploraban Marte.

TAMBIÉN PREPARAMOS varias cartulinas —una con el corte transversal de un traje de un astronauta que estaba bastante bien —, y con la bola grande de telgopor y medio kilo de plastilina blanca hicimos una maqueta de la luna. Para rematar teníamos tres volúmenes del "Árbol de la sabiduría" de Charly con temas del espacio, que era lo más parecido a la internet de esa época. Dentro de todo, íbamos bastante armaditos, o al menos beso pensábamos.

Hasta que llegó el día de la Feria, y vimos la muestra de Buenos Aires, y nos caímos de culo.

Como en su equipo había más de veinte alumnos, les dieron la mitad del aula, y a nosotros tres pupitres. El material de ellos era first class, nada de cartulinas truchas, plastilina ni papel metalizado para recubrir el cohete. Ellos tenían unos afiches oficiales, fotos, folletos y tres maquetas que había hecho Alejandro Fernández —aunque las malas lenguas le atribuían la autoría a la mamá — que tenían autitos de colección, camiones, el aeropuerto de Ezeiza con aviones y hasta la estación Constitución con un tren y vagones de pasajeros y de carga.

Al ser tantos en el grupo se podían turnar sin problemas, mientras que nosotros la teníamos que apechugar solitos. Para colmo, Charly se borraba a cada rato para ir a pasear por la Feria con una chica del colegio que le gustaba, y la mayor parte del tiempo éramos tres para manejar el rancho. Así y todo, lo pasamos bien. Cuando vino el comité examinador, con la señorita Myriam a la cabeza, estábamos más que preparados, y dimos una presentación bastante presentable. Responder las preguntas del padre de Sergio fue algo más difícil.

—¿Que comen los astronautas cuando están en el espacio? — comenzó preguntando

— Comida deshidratada— respondí al toque, —Y llevan de todo: hamburguesas vegetarianas, tomates, gelatina, hasta cocteles de camarones y pollo agridulce. La idea es respetar los gustos de los astronautas—

—¿Y cómo hacen si tienen ganas de hacer pis cuando tienen puesto el traje espacial? —

—Tienen otro traje descartable debajo, así que pueden hacer cuando tengan ganas — le contestó Corrales, —En el espacio se hincha la cara y el tórax, entonces el cerebro detecta exceso de líquidos y le manda órdenes al sistema urinario de hacer pis todo el tiempo, así que tienen que estar preparados —

—¿No se bañan nunca? ¿Pueden usar desodorante? — siguió preguntando mientras se sonreía divertido

—Usan paños higiénicos y desodorante de bolilla, que no es inflamable—

—¿Cuándo va a llegar el hombre a Marte? ¿Ganan los rusos o los americanos?

Con esa pregunta nos mató, porque ahí entrabamos en el terreno de la especulación, pero no íbamos a dar el brazo a torcer.

¡ESTÁS IGUAL!

—Mínimo diez años — dijo Pablo Díaz con cara de póker, —Pero esta vez los rusos quieren ganar la carrera, y para el 2000 puede ser que lleguen a Marte—

La gente se empezó a enganchar con aquellas preguntas insólitas, y se juntó un pequeño grupo de curiosos que armó un ruido importante. El comité calificador tomó debida nota, lo que nos hizo pensar que, aunque la exposición de "Buenos Aires" seguro ganaba el primer puesto, por ahí sacábamos un segundo o un tercer puesto.

Cuando le estábamos agarrando la mano a eso de exponer y hacernos los sabiondos, nos sacaron del aula para pasar la película de Buenos Aires, y tuvimos la oportunidad de pasear por la Feria. Ahí nos dimos cuenta de que no íbamos a ganar ni un chupetín: los de séptimo grado habían armado un stand de computación y había una cola de gente esperando afuera del aula, y los de cuarto año habían montado una exposición de los Beatles en la había que sacar turno para poder entrar.

Dicho y hecho. La exposición de Buenos Aires sacó el primer premio, y las de computación y de los Beatles el segundo y tercer puesto. Era lógico y justo, claro, y la verdad es que ganar una medalla tampoco era lo importante.

Al final, todas nuestras predicciones fallaron: la Unión Soviética se derrumbó en 1991, abandonó la exploración del espacio, y sin la competencia de los rusos los yanquis renunciaron el sueño de enviar el hombre a Marte. Muchos aplaudieron que se dejara de gastar tanto dinero en las estrellas y se invirtiera en la renta mundial, sin darse cuenta de que los fríos índices económicos no inspiran el alma de los chicos que preparan el tema para la feria de ciencias del colegio. Chicos que sueñan, quizás, en ser los primeros en pisar el suelo marciano y poder proclamar en cadena mundial:

—¡Este es un pequeño paso para el hombre, pero un gran paso para la humanidad! —

EL HIT DEL AÑO

El 2 de abril de 1982 todo cambió. De repente el país se vistió de celeste y blanco, las series como combate, Baretta y Los Profesionales desaparecieron de la pantalla y en su lugar se instalaron noticieros transmitiendo en vivo desde Puerto Argentino (como olvidar a Daniel Mendoza entrevistando a los soldados con los tanques desfilando de fondo), programas para recaudar fondos (el más famoso fue 24 horas por Malvinas con Pinky y Cacho Fontana) y Comunicados de La Junta Militar.

La euforia se había apoderado de todos, y nosotros en el Instituto Santa Cruz no éramos la excepción: con solo 9 años la guerra era para nosotros poco más que un juego, y a los maestros les costaba un Perú contener tanto entusiasmo belicoso. Colegio religioso, al fin y al cabo, comenzábamos el día rezando la oración de la paz de San Francisco de Asís que leíamos de una esquelita, y cuando terminaba la oración levantábamos la mano y hacíamos los pedidos a Dios:

— Porque nuestros soldados regresen a salvo—, dijo Marianito con solemnidad

— Le pedimos a Dios—, repetimos todos a coro

— Porque haya paz—, pidió el Mono

— Le pedimos a Dios

Y entonces levanto la mano Mike:

— ¡Porque se muera la Thatcher!

— ¡EEEEEHHHHH!— estalló el curso entero, en un solo grito, celebrando la ocurrencia

Todavía recuerdo al Padre Marcos haciéndose la señal de la cruz y a Miss Mirian tratando de calmarnos sin mucho éxito.

Todo había cambiado, pero sin duda la mayor revolución fue en el mundo de la música: de la noche a la mañana Queen, The Police y Kiss desaparecieron de la radio y las FM se llenaron con las canciones de Charly García, el flaco Spinetta y Piero. En las escuelas, ahora más que nunca, se cantaban todas las canciones patrióticas, himno nacional incluido, y por supuesto las marchas militares. Y nadie más feliz con el cambio que Miss Elsa, nuestra maestra de música: de unos cincuenta años, estado civil soltera y sin novio conocido, era bajita y enjuta, de seño severo y dura como una roca, y había llevado la disciplina a extremos absurdos:

— ¡DISTANCIA!!! — gritaba Miss Elsa, y parándonos bien derechitos, extendíamos el brazo derecho apoyando la mano en el hombro del compañero que teníamos enfrente

— DESCANSO!!! — volvía a ordenar en tono castrense y bajábamos el brazo como si de un pelotón se tratase

Cualquier ciudadano argentino de esta época que fuera transportado a aquel oscuro salón de música de 1982, habría jurado que estaba en un colegio de la Italia fascista más que ante los alumnos de una escuela católica de San Cristóbal. Pero como si la distancia y el descanso no fueran suficientes, teníamos que tener cuidado de no pisar afuera de la baldosa asignada:

¡ESTÁS IGUAL!

— ¡Raffo, en la baldosa negra tiene que estar, en la negra, no en la blanca! ¿Tan difícil es de entender??

— Perdón, no me di cuent...

— ¡SILENCIO! ¿Yo le pedí que hablara acaso?

Pero valía la pena aguantar la obediencia debida a Miss Elsa, porque a continuación teníamos cuarenta minutos de melodías donde descargábamos todo nuestro fervor patriótico contenido. Arrancábamos tranquilos con el Saludo A La Bandera:

Salve, Argentina,
bandera azul y blanca.
Jirón del cielo
en donde impera el Sol.
Después seguíamos con Mi Bandera:
Aquí está la bandera idolatrada,
la enseña que Belgrano nos legó.
Cuando triste la Patria esclavizada
con valor sus vínculos rompió.

A continuación, hacíamos una pasada por el Himno a Sarmiento y pegadito, como para levantar, cantábamos la hermosa Marcha de San Lorenzo:

Febo asoma, ya sus rayos
iluminan el histórico convento.
Tras los muros, sordos ruidos
oír se dejan de corceles y de acero.
Son las huestes que prepara
San Martín para luchar en San Lorenzo,
el clarín estridente sonó
y a la voz del gran jefe, a la carga ordenó.

En ese punto ya estábamos a punto caramelo para el "Hit" del año: la Marcha de las Malvinas:

Tras su manto de neblinas,
no las hemos de olvidar.
"¡Las Malvinas, Argentinas!",
clama el viento y ruge el mar.

Cantábamos esas primeras estrofas con tanta fuerza que Miss Elsa se agarraba los anteojos como si se le fueran a caer. Ni bien terminábamos, los 38 alumnos y alumnas del cuarto grado B del Instituto Santa Cruz pedíamos el bis al unísono, y nuestra estricta maestra se permitía romper el severo rictus de su rostro y, con una sonrisa de Mona Lisa consentía levemente con la cabeza. No había que ser un genio para darse cuenta que por dentro explotaba de satisfacción y orgullo, pero nunca nadie la iba a agarrar con la guardia baja.

No hacía falta. Nosotros sabíamos, querida Elsa.

Pero la euforia trascendía el salón de música: cuarenta minutos por semana no era suficiente para saciar nuestra sed musical por lo patriótico. Aprovechando que por la radio pasaban la marcha de las Malvinas cada dos por tres, la grabé en un cassette TDK de 90 minutos usando el radiograbador Sony de mi viejo, le dibujé un Clemente que decía "¡las Malvinas son argentinas!", y lo llevé al colegio. Fue un Hit inmediato. Primero se lo presté a Horacio, que se lo prestó a Quiroga, y este a su vez a Roxana que se lo dio a Silvana, que se lo presto a Sergio, que se lo pasó a Jorge, y este a Charly y así sucesivamente hasta que circuló por todo el curso y se pasó de división, no sé si al C o al A, porque ahí le perdí el rastro.

La guerra pasó muy rápido. De la euforia inicial y el triunfalismo pasamos a la derrota sin escalas, y luego al olvido. Los Rolling Stones volvieron a la radio y en ATC apareció el auto fantástico, y casi sin darse cuenta todo el mundo se olvidó de las Malvinas.

Todo el mundo menos Miss Elsa, que reemplazó las marchas por la canción "Libre" de Nino Bravo-un sutil tiro por elevación a la Dictadura Militar- pero conservó la Marcha de las Malvinas, que ahora cantábamos al comienzo y al final de cada clase.

¡ESTÁS IGUAL!

Fue al final de una de estas clases, cuando nosotros salíamos y entraban los del C, que me reencontré con mi TDK:

— Che, ¿este cassette es tuyo? — me preguntó el chino Fernando mostrándome la caja de plástico

Y si, estaba muy cambiado, lleno de garabatos y nombres de canciones, pero sin duda era mi TDK con el dibujito de Clemente en la tapa. Claro que los garabatos no eran los únicos cambios: cada vez que pasaba de manos el nuevo usuario le grababa un tema nuevo, y el resultado era una terrible mescolanza. Charly, Nino Bravo, León Gieco, Luis Miguel, Porchetto, Menudo, Miguel Mateos con Zas, Camilo Sesto, Pappo y, por supuesto, la Marcha de las Malvinas. Algún loco incluso había grabado los dos goles de Diego contra Hungría en el mundial de España.

Era una mezcla infumable.

Sin embargo, cuando lo puse como música de fondo en el almacén, causó sensación:

— ¡Ayyy, que linda música nene! ¿No me harías una copia? —me preguntó Rosa, la esposa de Don López

— Eeeh...bueno, si claro—, le respondí casi por compromiso

— ¿Y cuánto sale?

Hice los cálculos en mi cabeza de futuro contador y, rápido de reflejos, le respondí sin titubear:

— Con 1500 pesos estamos bien

Así empezó un negocio inesperado pero muy redituable: sacando los 1000 pesos que salían los cassettes y los 200 pesos que le daba a Horacio por prestarme su grabador para hacer la copia (todavía no existían los doble casetera), me quedaban 300 pesos para comprarme seis" Topolinos", cinco paquetes de figuritas, tres chocolatines "Jack "o seis chicles "Jirafa".

Pronto se corrió la voz, y llegué a vender hasta dos cassettes por semana. ¡no sabía qué hacer con tanta plata! Y los que compraban el compilado no siempre eran los clientes habituales del almacén: hubo una pareja de hippies, un viejo carcamán con pinta de estanciero, y hasta un par de nenas del Mater Dei:

— ¿Tiene la canción nueva de Luis Miguel? — me preguntó una de ellas que tenía pecas y trencitas

— Tiene "Dos Enamorados"

— ¡SSIIIIII!!! —gritaron las dos emocionadas

Pero el más extraño de los personajes fue un joven vagabundo de barba desprolija y ropa arrugada que entró al almacén con aire desconfiado:

— ¿Vos sos el pibe de los cassettes? — me preguntó sin mediar un hola
— ¿Querés una copia? —le repregunté yo ni corto ni perezoso
— ¿Tiene la canción de Malvinas?
— Sip. En el lado A y en el B. son 1500 pes...

Nunca llegué a terminar la frase. Mi vieja agarró el cassette y se lo dio sin más:

— tomá querido. Y espera que te hago un sanguchito

Sin preocuparse por la larga cola de clientes le hizo unos de esos sándwich extra-large de flauta de pan francés, queso y cantimpalo que tanto me gustaban. Con un poco de vergüenza y una mirada triste y agradecida, el extraño de pelo largo agarró el sándwich con las dos manos y se fue, pero no sin preocupaciones según mi humilde parecer.

Cuando terminamos de atender a los clientes la encaré a mi vieja:

— Ma, me hiciste perder 1500 pesos

Mi vieja me miró y, con su típica honestidad europea, me dijo algo que nunca me iba a olvidar:

— El perdió más que vos. Y este puede ser el último sándwich de su vida

En ese momento era muy chico para entender lo que quería decir, pero tenía razón: hubo 649 bajas en la guerra, pero el número de veterano que se quitarían la vida en los próximos 35 años terminaría superando con creces ese número. Más de 700 héroes se encontraron sin trabajo, sin una pensión y sin un sostén psicológico o tratamiento de posguerra y tomarían la salida del suicidio para escapar del tormento de una vida, y una sociedad, ingrata.

Pero yo prefiero pensar que aquel joven desconocido logró superar el terrible trauma de la guerra con la ayuda de su familia, sus amigos y la gracia de Dios. Y me lo imagino en su habitación, recostado en su cama y escuchando mi compilado, tarareando, con una enorme sonrisa en el rostro, las ultimas 4 estrofas de aquella canción inmortal:

¡Para honor de nuestro emblema,
para orgullo nacional,
brille ¡oh Patria! en tu diadema,
la perdida perla austral.

PRIMER DÍA DE CLASES... ¡OTRA VEZ!

El primer día de clases no es algo que se olvida así nomás. Pero si además va acompañado de un cambio de escuela, la experiencia es inolvidable.

Créanme, con tres diferentes colegios en mi haber, yo sé algo del tema.

Mi primer día de clases fue en la modesta y chiquita Escuela Primaria Común N° 18 Cabildo de Buenos Aires, en la avenida Federico Lacroze y Fraga, en el barrio de Chacarita. Claro que para mí no era modesta ni chiquita, sino más bien grande y fabulosa como la misma Disneylandia. Una de las razones era que se trataba del jardín de infantes y que allí todo era un juego, y no había ni pruebas ni notas ni nada de esas atrocidades que hacen que ir al cole se transforme en una tortura.

El segundo motivo de mi felicidad era tener de maestra a la señorita Margarita: joven, linda como una de las trillizas de oro, simpática y radiante como el sol, fue mi primera novia —aunque ella no lo supiera, por supuesto— y estoy seguro que la del resto de los varones del jardín.

La última razón, y no por eso la menos importante, era que ahí conocí a mis dos primeros amigos: Víctor y Martín.

Estaba tranquilo en el recreo chupando un "Lollipop, cuando se me acercó Víctor con una de esas pelotas de goma "Pulpo".

La pelota rayada, blanca y roja, hacia un sonido único cuando Víctor la hacía rebotar contra el piso —una especie de "boing", y enseguida captó mi atención.

—¿Querés jugar? — me preguntó cómo quien ofrece un vaso de agua en el desierto a un insolado

—Bueno, pero yo soy Fillol— le respondí de inmediato

—Todo bien porque yo soy Maradona— me replicó

Víctor era como mínimo robusto, con abultados cachetes y prominentes rollos, y tenía una pegada inusualmente fuerte para alguien de cuatro años. En sus pies la "pulpo", —que ya de por sí sola tenía por costumbre describir caprichosas trayectorias—, se convertía en un arma mortal.

Y ASÍ FUE NOMÁS. A la primera patada de Víctor la pelota salió disparada para cualquier lado, con tan mala suerte que le pegó de lleno en la nariz a Martín, haciéndole salir sangre como si hubiese abierto una canilla.

Y la podría haber pasado mucho peor si la redonda le hubiera dado en esos anteojos culo botella que usaba.

Al principio lloraba como un marrano, claro, pero cuando la señorita Margarita le puso su pañuelo en la nariz y lo empezó a llenar de besos, al tipo se le dibujó una sonrisa más grande que la del guasón.

¡Maldito afortunado!

¡ESTÁS IGUAL!

Si el incidente en cuestión hubiese ocurrido en la actualidad, lo más probable es que nos hubiesen denunciado por agresión, pero en ese entonces la mamá de Martín les dijo a las nuestras que "eran cosas de chicos", y nos invitó a tomar la leche esa misma tarde.

Chocolate caliente con churros, para ser más exactos.

Martín vivía en un edificio de la calle Olleros al lado de una fábrica de churros con "elaboración a la vista".

La gente hacía cola todo el tiempo y el local no daba abasto a pesar de que había más de una docena de churreros trabajando sin parar.

Además de churros hacían tortas fritas, pastelitos con dulce de batata y mis preferidas, las bolas de fraile rellenas de dulce de leche, aunque ahora se las llama "berlinesas".

ERA SIN DUDAS UNA ÉPOCA simple, analógica y sin copyright, donde se mezclaban Mickey y el pato Donald con súper Hijitus y Larguirucho (hablá más fuerte que no te escucho), personajes que adornaban codo a codo la calesita y eran testigos siempre sonrientes de nuestros esfuerzos denodados por sacar la sortija, mientras sonaban las canciones de Carlitos Balá de fondo.

Otro oriundo de Chacarita, por cierto.

Tardes del capitán Piluso y Coquito, de "salta Violeta", de Carozo y Narizota y de las figuritas del Mundial 78.

Casi sin darme cuenta vino 1979, y con él, el primer grado. Esperaba con ganas volver a ver a mis amigos después de un largo verano.

Sin embargo, mis viejos habían comprado un almacén en San Cristóbal, y el primer día de clases venía de la mano con un cambio de escuela y de barrio.

Comparada con la Cabildo de Buenos Aires, el colegio N° 11 José Federico Moreno era un castillo: ocupaba casi media cuadra, tenía dos plantas y un comedor.

Además, te daban mate cocido y pan de desayuno, que yo aprovechaba porque odiaba la leche que mi vieja me daba antes de salir. Yo había encontrado la forma de deshacerme de aquel brebaje caliente que, de forma inexplicable, juntaba siempre una capa de nata en la superficie y me producía unas arcadas horribles a horas tan tempranas de la mañana.

—Me voy afuera a tomar la leche — le decía a mi vieja mientras atravesaba la puerta del almacén sin darle chance a decir nada

Luego me acercaba despacito al cordón de la vereda y volcaba el contenido del vaso transparente de vidrio en la calle. No todo, siempre dejaba un poquito para que no sospechara que había algo raro.

—¡Uuffff! Ya no puedo tomar más — decía haciéndome el héroe

—Bueno, por lo menos tomaste algo —

El truco terminó cuando la calle se empezó a llenar de gatos que venían a tomar la leche del cordón y hacían un escándalo terrible con sus maullidos y peleas.

Pero el mate cocido era lo único bueno del José Federico Moreno, porque estaba sin amigos, y encima dos patoteros se ensañaron conmigo desde el primer día: Luna y Porras.

¡ESTÁS IGUAL!

El primero era el ideólogo, una especie de don Corleone de seis años que no se manchaba las manos haciendo el trabajo sucio, y Porras era su perro guardián, una bestia total que embestía sin preguntar.

Quizás fue por mi flequillo estilo Carlitos Balá, quizás por mi impoluto guardapolvos blanco, el tema es que Luna se empezó a burlar de mí, y Porras me aterrizó un par de piñas que me hizo volver a casa llorando.

—La próxima vez que vengas llorando te pego yo — me dijo mi vieja con brutal psicología

Al día siguiente, me cuidé bien de cruzarme con los mafiosos, ya que no tenía intenciones de recibir palos de ningún bando, pero en el último recreo del mediodía me descuidé, y de repente me vi arrinconado por mis agresores.

—¿Qué pasa, vas a llorar? — me dijo Luna mientras Porras se aproximaba con los puños cerrados

Entonces la figura de Porras se confundió con la silueta de una chancleta maternal gigante, una furia me embargó, mis manos se agarrotaron, y sin darme cuenta le partí por la cabeza el estuche de plástico de mis cartas "Tope y Quartet".

Esta vez el que se fue llorando fue Porras, mientras que Luna optaba por retirarse en silencio.

Nunca más me volvieron a molestar.

Por mi parte, me volví un experto en el juego de las Tope y Quartet, una forma inconsciente de agradecimiento a aquellas cartas salvadoras.

Claro que no era muy difícil de jugar tampoco: se cantaba una categoría —yo siempre jugaba con cartas de autos, aunque podían ser motos, aviones o barcos—, y ganaba el que tenía el auto más veloz, con el motor más grande, o que aceleraba más rápido.

El auto imbatible era la Lamborghini Countach, un bólido color rojo infierno que andaba a 320 kilómetros por hora, y que era imposible que te la sacaran. Y la peor de todas era la del Citroën 3Cv: te tocaba esa y estabas en el horno.

Otro boom de los recreos eran los pocketeers, unos juegos de ingenio de bolsillo de Top Toys que eran lo más parecido a los jueguitos electrónicos que se podía encontrar en Argentina a fines de los 70. Y había de todo tipo: de máquina tragamonedas, de básquet y fútbol, tipo pinball, de carreras, para embocar una bolita de metal, y yo que sé cuantos más.

¿Quién necesitaba Smarphones?

Además de los pocketeers, estaban los caleidoscopios, los Kalkitos (una lámina con adhesivos que había que raspar con un lápiz y que se podían pegar en el cuaderno, la cartuchera o la ventana), los Topolin (unos sobres amarillos y rojos que venían con un chupetín con gusto a nada y un chiche), los chocolatines Jack sorpresa (la colección de muñequitos de titanes en el ring era lo más), los chicles Jirafa —malísimos para los dientes, buenísimos para el espíritu— , y algo novedoso: un montón de productos importados merced a la política de dólar barato de Martínez de Hoz.

EN MI CASO, LIGUÉ UN Meccano importado de California. Me acuerdo ver por primera vez aquella caja enorme con el dibujo de un jeep en la tapa, solo para abrirla y descubrir un montón de piezas de metal con filas de agujeros, cuatro ruedas, y un centenar de tornillos y tuercas. El problema era que nunca tuve aptitudes para la ingeniería, y menos a los siete años, pero por suerte mi prima Mabel acudió al rescate, y luego de un domingo de trabajo tenía un jeep, una grúa y un avión.

En realidad, trabajo de ella, porque yo me limité a mirar.

Durante esos tres años en el Federico Moreno me hice de una banda de amigos: el negro Ojeda, Caramés, Huguito, Martín y Diego Batista, de un curso anterior pero que vivía enfrente del almacén. Por eso cuando en el 82 me cambié al Instituto Santa Cruz el chiste no me causó ninguna gracia. De hecho, el primer día de clases me sentía bastante mal, tenía el té con leche a punto de ebullición en la panza y estaba pesado, nervioso y nauseoso. En esa época todavía "no había pegado el estirón", así que estaba segundo en la fila, justo después de Julián. Mi cara debió haber hablado por sí misma, porque se me acercó y me preguntó:

—¿Te sentís bien? —

Craso error. Sin poder contenerme le lancé todo el contenido de mi desayuno sobre el delantal gris que después de eso quedó blanco. Pobre Juli, la cara de espanto se fue apoderando de él en cámara lenta mientras el líquido elemento atravesaba el aire rumbo a su cuerpo indefenso. Nada pudo hacer más que mirar impotente como se cubría de té con leche, paralizado como una mosca atrapada en la telaraña.

Se la bancó como un duque, la verdad.

No se quejó, no lloró, no dijo ni mú. Por supuesto que ayudó mucho que Miss Miriam acudiese en su ayuda, porque mi flamante maestra era un ángel que con su toque era capaz de convertir una tragedia en gloria. No tuvimos tiempo de lamentarnos por lo que había pasado: estábamos demasiado embobados viendo como Miss Miriam le lavaba el guardapolvos a Juli en el baño y luego me limpiaba la cara con su pañuelo rosa. Dos mío, ¡qué babosos!

Después de semejante espectáculo ninguno se me hizo el matón, seguramente por miedo a tener el mismo destino que el pobre Juli. La excepción fue Martini, pero la verdad es que no entendí bien si lo que me hizo fue una amenaza o estaba intentando relacionarse en su manera muy particular —agarrándome de las solapas del guardapolvos, — porque cuando reaccioné empujándolo, volvió y me abrazó, para mi total desconcierto.

Ese chico era lo más parecido a Murdock, el piloto chiflado de "Brigada A", que yo conocí.

Aquel no fue mi último día de clases, pero ya no tuve que cambiar más de colegio, lo que me evitó peleas por el derecho de piso, o arruinarle el delantal a otro compañero. Claro que nunca se puede cantar victoria. ¿O acaso la vida no es un constante desafío, una prueba de fuego, el enfrentar nuevos retos? La respuesta es un definitivo sí. Y en esas ocasiones no puedo dejar de pensar:

—Primer día de clases... ¡Otra vez!

OLIMPIADAS
MATEMATICAS

Que tenía fama de traga no lo voy a negar, por supuesto. Y que me gustaban materias que a los demás le daban fobia como contabilidad y matemáticas, tampoco.

Pero la verdad es que estaba lejos de ser el estudiante ideal, y para probar mi punto tengo muchos ejemplos.

Para empezar, nunca tenía a mano los dichosos útiles escolares: algunos previsores como por ejemplo mi hermanito Charly evitaban caer en falta cargando pesadas mochilas donde tenían todo lo que se pudiera necesitar; otros pocos como el aplicado Ruli revisaban la noche anterior que materias tocaban al día siguiente y actuaban en consecuencia; y finalmente una gran mayoría como mi amigo Mariano o Julián —y entre los que me incluyo— íbamos a la buena de Dios, y con suerte chequeábamos las cosas cinco minutos antes de salir.

Y es que la cantidad de accesorios que nos obligaban a llevar era tan enorme que más que alumnos parecíamos científicos de la NASA. De movida teníamos que llevar la carpeta, que a medida que avanzaba el año se hacía cada vez más gorda, tanto que las hojas se empezaban a salir. Y si usabas las de la marca Gloria, olvidate, lo que te habías ahorrado te lo gastabas después en hojalillos.

Las cartucheras tenían que ser bien grandes como para albergar la lapicera —Sheaffer o 303 para los pobres y la Parker para los cajetillas—, la goma de borrar "Dos Banderas" —más que borrar te perforaban las hojas, incluso hasta las "Rivadavia"— el sacapuntas, las lapiceras

Sylvapen de carcaza amarilla para dibujar, el lápiz negro numero 2 Staedtler —de color amarillo y negro con la cola roja hasta que de tanto masticar quedaba solo la madera— , los marcadores de colores —esos que venían con florcitas dibujadas en los costados y se gastaban a la semana — , los lápices de colores Faber Castell y, por supuesto, la infaltable plasticola —la clásica "Plastibol" blanca del Mundial 78 con olor a engrudo, la voligoma, las de colores y hasta la "Lokipen" transparente en forma de lápiz con un buzo adentro—

CON TANTAS COSAS DENTRO de la cartuchera, solo era cuestión de tiempo para que estallara algo e hiciera un enchastre terrible.

A todo esto, había que agregar la correspondiente parafernalia de cada materia: escuadra, regla, transportador, compás, pentagramas, mapas geopolíticos, hojas de mayores contables, diccionario Larousse, calculadora científica, el papel secante, tijeras de plástico que no cortaban nada, papel de calcar, papel glacé, papel maché y veinte tipos más de papel. Y para rematar, estaban los libros y las carpetas, y así la verdad es que no había espalda que aguantara.

¡ESTÁS IGUAL!

Y esto no era todo.

En los años de inflación, la cosa se puso fiera y las hojas comenzaron a escasear como el oro. De pronto no podías llevar ni siquiera un par de míseras hojitas Gloria porque te las "chafaban" en dos segundos. Aquello era la colimba, o afanabas o te afanaban a vos, pero al final era un juego de suma cero, todos perdíamos. Por suerte, siempre había una fuente estable de suministros: el pelado y Ruli eran de los pocos que se arriesgaban a seguir trayendo resmas enteras al colegio, y encima no cualquiera, sino las "Rivadavia", una acción kamikaze. Claro que sacarle algo al pelado era misión imposible, si acercabas la mano te la cortaba con una regla de madera de 30 centímetros. Con Ruli era un poco más fácil, aunque nadie era más experto que Mike, al punto que ni cuenta se daba:

—¡Coño! ¡Qué rápido se acaban las hojas! — solía protestar cuando veía que se le empezaban a terminar con inusitada rapidez

OTROS DE LOS MOTIVOS que me descalificaban para el premio de alumno del año era que mi conducta no era la mejor que digamos, con un historial bastante larga de "observaciones" en el boletín, aunque ninguna más pintoresca que la que me pusieron en la clase de Biología. Estábamos haciendo un experimento de reconocimiento de almidón donde había que cortar una papa al medio y ponerle tintura de yodo, cuando se me cruzó Sergito en mi campo visual. El negrito en esa época era bien cachetón y tenía una melena tan grande como la de Maradona en sus mejores tiempos.

La tentación era demasiado grande.

Miré la papa y sentí que me quemaba en la mano. Tomé puntería y la arrojé a mi objetivo, con tan mala suerte que en ese momento resonó una voz a mis espaldas:

—¡GARCÍA!!!!—

No sé cómo, pero justo cuando estaba cometiendo mi fechoría, pasó Ruth, la jefa de preceptores y me pescó in fraganti, así que supongo que la ley de Murphy es verdadera. Ese día me volví a casa con una nota en el boletín que decía "amonestado por arrojar una papa a un compañero". Encima el grito de Ruth me había arruinado el tiro y le pifié a la capocha de Sergio. Después el turro se tomó la revancha, me tiró una tiza con tanta puntería que me quedó en la boca como si fuera un chupete, al mejor estilo Benny Hill.

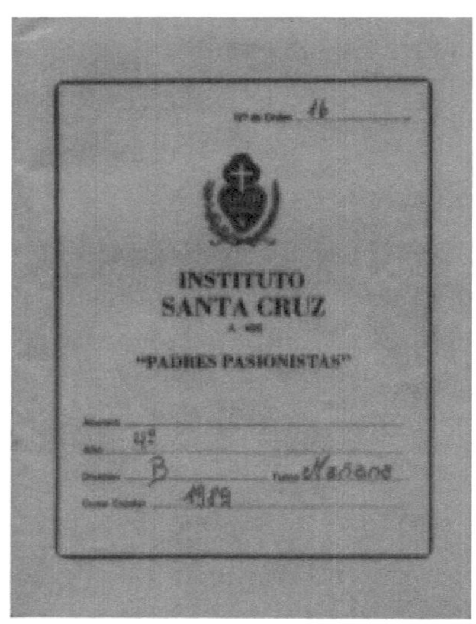

¡ESTÁS IGUAL!

FINALMENTE, Y VOLVIENDO al punto del comienzo, odiaba algunas materias con todo mi ser, como Química y Biología. Todavía me acuerdo cuando hicimos la presentación de la célula y el implacable Solla —que además de ser el profesor de esa funesta materia era el rector del colegio— empezó a acribillarnos a preguntas.

Creo que el pelado respondió una, y el resto estuvieron a cargo de Jorge, que por alguna razón misteriosa ya desde chico tenía la profesión de farmacéutico metida en las venas.

—¡Tienen suerte de que está Labbad en su equipo, sino estaban todos reprobados! — bramó el furibundo rector amante de los Ford Falcon

Lo que si tengo que reconocer es que estudiaba la mayor parte de las veces, y mi preferencia por las ciencias exactas me perfilaba como traga, y la verdad es que haberme anotado en las olimpiadas matemáticas de 1988 no ayudó a mitigar mi reputación.

Ni me acuerdo como se me ocurrió participar, pero probablemente una de las razones fue porque estábamos todos imbuidos del espíritu de las Olimpiadas de Seúl 88 —Gabi Sabatini había ganado la medalla de plata, y el otro motivo porque la cosa parecía bastante fácil: eran dos rondas de clasificación y el equipo de los tres olímpicos que sacaba la mejor nota ganaba el certamen, y si había empate los equipos ganadores iban a una final.

LA COMPETENCIA EN TEORÍA requería un entrenamiento previo, y un equipo que se conociera bien y estuviera bien aceitado en el tipo de problemas y los tiempos del examen. Nuestro team no cumplía ninguno de estos requisitos: si bien Sergio y yo ya nos conocíamos de siempre, las aptitudes matemáticas del tercer integrante del equipo eran un poco más que un misterio para nosotros.

Fernando Yamada, alias "el chino", era un amigo de los amigos, un atorrante que te hacía matar de risa con sus anécdotas desopilantes. Descendiente de los hijos del imperio del sol, lo único que conservaba de los esmerados samuráis era el apellido, porque después era más argentino que el dulce de leche. Sin embargo, para nuestra sorpresa, Fernando tenía una habilidad natural para los números, y en la primera ronda arrasamos: sincronizamos los tiempos a la perfección, nos repartimos los problemas y nos consultamos lo que no entendíamos resolviendo todo al instante.

¡ESTÁS IGUAL!

La segunda prueba fue más difícil.

Uno de los problemas requería usar una fórmula de combinatorias, algo que todavía no nos habían enseñado porque se veía recién en quinto año. A Sergio se le ocurrió calcular las diferentes combinaciones en forma manual, y cuando el tiempo se agotó habíamos llegado a un resultado.

Al día siguiente, estábamos en la clase de Devito, nuestra profesora de matemáticas, cuando entró uno de los preceptores con un papel en la mano. El rostro de Devito se iluminó con una sonrisa, y se dirigió hacia nosotros, orgullosa como San Martín después de haber cruzado los Andes.

Habíamos ganado.

Sin embargo, la alegría nos duró poco: no habían pasado veinte minutos que entró Vaquero, la profesora de quinto año, con cara de orto —al menos con más cara de orto que lo habitual—, y se puso a discutir con Devito.

Vaquero había sido también nuestra profesora de matemáticas en primer año, y era más mala que la peste. Petisa y fea como el demonio de Tasmania, tenía un carácter de mierda y explicaba todo para el reverendo culo. Y encima si te sentabas en el frente tenías que estar con paraguas porque cuando hablaba te escupía todo.

Lo peor es que se la recontra-creía, se había posicionada a sí misma como la Adrián Paenza del Instituto Santa Cruz, y como presidenta del Comité Olímpico, había decidido descalificarnos.

Claro que en ese momento no teníamos idea que estaba pasando, pero por la cara de Devito y la acalorada discusión con Vaquero, nos dimos cuenta de que no podía ser nada bueno. Pero lo peor estaba por venir. De pronto, Vaquero se dio media vuelta y dio por terminada la conversación, dejando a nuestra profesora con la palabra en la boca.

Nunca habíamos visto a Devito tan enojada.

Nos llamó a Sergio y a mi aparte —Fernando iba al turno tarde— y con los cachetes todavía colorados por la discusión, nos tiró la bomba.

—¿Nos descalificaron??? ¿Pero cómo??— estallé ante la noticia

—Lo siento —se excusó Devito, —pero parece que en el tercer problema llegaron al resultado sin aplicar la fórmula de combinatorias—

—Pero... ¿Cuál es el problema? — preguntó Sergio —Lo hicimos manualmente, ¡no hubo trampa! —

Devito se puso todavía más colorada —

—Ya sé, pero esto no va a quedar así —

Pese a las quejas de Devito, la porfiada Vaquero siguió adelante con su decisión, y el premio se lo dieron a los de quinto que tenían mal el resultado. Si bien todo se mantuvo solapado —en aquella época las apariencias eran lo más importante — internamente hubo un escándalo en el colegio, que ya estaba hasta la coronilla de las barrabasadas de Vaquero.

Si fue por esto o por otra cosa nunca llegamos a saberlo, pero lo cierto es que ese fue el último año de Vaquero en el Santa Cruz, y nosotros zafamos de tener al demonio de Tasmania de profesora otra vez.

Fue un pobre consuelo, porque el premio no se lo sacaron a los de quinto, pero igual está bien. Al fin y al cabo, nos dio una anécdota para contar en las cenas de machos.

De la vez que fuimos campeones morales de las Olimpiadas Matemáticas de 1988.

¡ESTÁS IGUAL!

ETERNOS RECREOS

Vamos a ser sinceros, ¿Qué es lo mejor que recuerdan de la época del colegio?

Seguro que no eran las clases, ni levantarse a las seis y media de la mañana, o pasarse medio día encerrado en un edificio. Estaban las chicas, claro, pero a la mayoría no nos daban bola, o Patricia, la preceptora pulposa de primer año que con los jeans "By Deep" atraía todas las miradas masculinas, —y que nos daba todavía menos bola—, pero lo cierto es que había una sola cosa en que los esforzados estudiantes podíamos confiar, algo que no iba a fallar nunca en traernos un poco de satisfacción.

La hora de recreo.

Cuando sonaba aquel dichoso timbre, el estruendoso sonido del "¡RIIIIIIING!" era música para nuestros oídos, la señal de que comenzaban los quince minutos de libertad.

Había recreos que se disfrutaban más que otros Los que antecedían a una prueba de química por ejemplo eran bravos, porque el que no estaba repasando los apuntes, pasaba los últimos minutos terminando de armar los machetes. El recreo que venía después de esa misma prueba en cambio era todo un relajo y se pasaba rapidísimo, uno no empezaba a disfrutarlo que cuando te dabas cuenta ya se había terminado.

Tampoco el primer recreo era igual al último, porque a las ocho de la mañana estábamos todos dormidos, y a las doce y media ya nos queríamos rajar a casa. Los mejores recreos eran los de la mitad de la jornada, cuando la energía estaba al tope, y ni bien tocaba el timbre

—sobre todo en la primaria— salíamos disparados al pasillo gritando el clásico:

—¡IIIIIEEEEEEEEEEEEHHHH!—

A medida que uno iba creciendo, la cantidad de tiempo que se dedicaba a los juegos se iba reduciendo, y aumentaba la cantidad de minutos que pasábamos comiendo, como si el cuerpo hubiera hecho un upgrade y hubiese subido de un motor de fitito al de un Torino.

Pero en primaria lo más atractivo del recreo seguía siendo ver a que íbamos a jugar, porque la moda cambiaba de un mes para el otro, y a veces de una semana para la otra. Por ejemplo, durante los mundiales se imponían las figuritas con los jugadores de cada selección, y entonces los pasillos se llenaban de feroces competidores jugando a las "fichus". Nada se comparaba a la fiebre por conseguir llenar el álbum y ganarse la pelota, mientras en el proceso se batallaba en los recreos por acrecentar la colección de aquellos papelitos rectangulares y redondos.

Por lo general, había tres formas de jugar: estaba el "chupi", donde el primero que daba vuelta a la figurita ganaba, —aunque había que estar atento a los tramposos que se escupían la mano para que se le quedara pegada—; el "midi", que consistía en "clavar" la figurita lo más cercano posible al zócalo para llevarnos el "pilón" que se encontraba en el suelo, y la "tapadita", una versión del midi en la cual se lanzaban tres "fichus" y ganaba la que quedaba arriba de las otras.

También se daba mucho el canje de figuritas, aunque conseguir la "difícil" —en el mundial 82 era el hincha de Camerún de Clemente — era una tarea prácticamente imposible. Las que también cotizaban fuerte eran las de chapa, que se cambiaban por diez de las comunes, pero había que tener cuidado cuando jugabas, porque te podían cortar los dedos.

LA DE LAS BOLITAS ERA otra de las modas que iban y venían, pero que siempre estaban ahí, porque se iba metamorfoseando: aparecían nuevos colores y tamaños, como los bolones, y nuevos accesorios como los arquitos de fútbol hechos con las hojas "Rivadavia", que eran bien duras y se mantenían paradas.

El fútbol con bolitas era un pequeño consuelo, porque jugar a la pelota estaba prohibido, aunque siempre había algún valiente que traía un esférico casero hecho con una media vieja, una bola de plástico del jugo "Naranjín" rellena con papeles de diario, o simplemente papeles arrugados y atados en forma de bola con un piolín de pizza.

Había otros juegos con una fama pasajera, como el tiki-taka —una especie de boleadoras que había que mantener golpeando una contra otra y que hacían el clásico sonido que le daba su nombre— , los pocketeers, las cartas Tope y Quartet, el Miki-moko —una sustancia verde que pretendía emular a las secreciones humanas que venía dentro de un tarro de plástico junto con una pelota de ping-pong con la forma de un ojo, y que se podía arrojar contra el pizarrón para el desagrado de las chicas —, el tinenti, y por supuesto, el yoyo-taka, que era promocionado como si fuera un súper deporte por los "campeones del yoyo-taka" —unos ilustres ignotos que recorrían las escuelas haciendo todo tipo de trucos con el yoyó, como el trapecio, el "perrito" y la "vuelta al mundo"—.

ALGUIEN QUE ERA UN experto para imponer modas de juegos y chucherías que los pibes terminaban usando en el recreo era el ruso Sofovich desde el programa de televisión que tenía en el viejo canal 11,"la noche del domingo". Mucho antes del "osito Teddy" y el "yenga", el ruso hizo furor jugando al balero primero, y con las pulseadas después, una novedad que había traído de Las Vegas, donde el tipo se gastaba fortunas.

El asunto era bastante simple, los participantes tenían que ganarle al campeón, un pelado con bigotes llamado Arévalo. El único problema es que el pelado pesaba ciento veinte kilos y había sido luchador de "Titanes en el ring", y era imposible ganarle.

Fue un éxito inmediato.

Encima poco antes había salido la película de Sylvester Stallone, "Over the top", donde hacía de un camionero que competía en las Vegas para cambiar el Skania, y que cuando se daba vuelta la gorrita se le hinchaban los cachetes como a Quico y le ganaba a todo el mundo. Pronto estábamos todos los varones jugando pulseadas en el recreo, poniendo los pupitres como en lo de Sofovich, con hinchada y todo.

Pero no todos los juegos eran para varones, las chicas también tenían lo suyo. Se las podía ver jugando al elástico, saltaban la soga, andaban por todos lados con "mi pequeño pony", y coleccionaban figuritas de "Frutillitas", "los ositos cariñosos" y no sé cuántas cosas más.

¡ESTÁS IGUAL!

Pero no solo de juegos vive el hombre.

Había que alimentarse, y en el Santa Cruz teníamos que recurrir a dos lugares: la cueva del oso, o el comedor del primer piso.

La cueva del oso era un maxi-kiosco que estaba en la planta baja y tenía de todo, desde los mapas geopolíticos que te habías olvidado de comprar para la clase de geografía, hasta pebetes de jamón y queso.

Pero comprar algo no era una tarea fácil, porque era una marea humana que se agolpaba en torno al mostrador del kiosco gritando como desaforados. El pobre Horacio —el dueño de la concesión— tenía que decidir en forma aleatoria a quien venderle, así que los que llegaban primero tenían más chances de llevarse el producto.

Era realmente la ley de la selva, los más grandes te pegaban unos codazos de la hostia y te empujaban hacia atrás sin asco. Y en esa época olvidate del kiosco natural o de productos para celiacos, todo tenía azúcar al mango, gluten y grasas trans para tirar al techo.

El turrón Namur parecía hecho de cartón corrugado, el naranjú era conservante con jugo de naranja, las mielcitas un jarabe que chupábamos de unos plásticos multicolores todos mugrosos (igual que el Naranjú), y había todo tipo de delicias azucaradas: pastillas de la yapa, chocolatines Águila, chicles Jirafa y los "Cowboy" que casi no entraban en la boca de lo grande que eran , alfajores Bagley "Blanco y Negro", caramelos Suchard, Tubby 3 y Tubby 4 —"Vamos subidos a los bolsillos de una ciudad soleada: Tubby 3 y Tubby 4…", decía el spot televisivo.

El postre Sandy de dulce de leche —el primero con ese sabor —, el Chocolatín Jack —se los compraba por sus "muñequitos"—, la bananita Dolca y la Kremokoa.

EN EL COMEDOR NO HABÍA golosinas, pero además de pebetes se podía comprar panchos, patys y hasta pizza, todo preparado por Martín —el portero y chef del colegio. era lo único diferente de la cueva del oso, porque después era el mismo caos para comprar, con cien salvajes luchando y Martín que gritaba:

—¡La guita primero! —

Tanta oferta de comida chatarra era demasiado tentadora, y daba lugar a más de un exceso, como la vez que Sergio se clavó tres hamburguesas en el mismo día cuando estábamos en séptimo grado. En esa época era flaco, y ni Dios sabe adónde metió todos esos patys.

El resto de nosotros no nos quedábamos atrás, podíamos comer dos panchos y una porción de pizza, y almorzábamos como si hubiésemos ayunado cuarenta días.

Claro que no todos sabían regular los efectos colaterales de semejantes atracones.

Hubo varios episodios que podría mencionar, algunos de los cuales me tenían de protagonista, pero ninguno se compara con el que tuvo lugar en quinto grado durante una soleada mañana de primavera.

Habíamos ido a la iglesia —como buen colegio religioso nos enchufaban una misa de vez en cuando —, y uno de nuestros compañeros pidió retirarse.

No vamos a dar nombres para no ser indiscretos, así que vamos a llamarlo "señor M". El caso es que al pobre señor M le dijeron que se la banque, porque no había nadie para acompañarlo, y no le quedó otra que volver al banco de la iglesia y seguir rezando. Los minutos pasaban, la cara del señor M se iba transformando en una mueca de dolor, y calculo que como mínimo se volvió a levantar cuatro veces para pedir que lo dejaran irse sin éxito.

Para colmo de males ese día el padre Marcos estaba inspirado y metió en el sermón como tres parábolas, así que la misa se hizo de chicle.

CUANDO SALIMOS DE LA iglesia, el señor M pisó la vereda y se largó a correr por la calle Estados Unidos rumbo a la entrada del colegio. Creo que hizo esos cien metros desde la esquina de General Urquiza hasta 24 de noviembre en cinco segundos.

—¡Señor M! ¡Espere! — gritó la señorita Alicia sin éxito

Cuando llegamos a la entrada, lo primero que nos llamó la atención fue el olor que flotaba en el ambiente, y no era perfume de rosas precisamente. Luego vimos un hilo marrón en el piso, como un rastro que se extendía marcando el camino del señor M, y que iba subiendo por las escaleras hasta terminar en nuestra aula. Adelantándonos al resto, abrimos la puerta corrediza con Mike, y lo que vimos nos dejó con la boca abierta: allí estaba el señor M, sentado en el cesto con los pantalones bajados hasta los tobillos y haciendo sus necesidades con cara de extraviado.

—¡Puaaaaj, que asco boludo! — le dijo Mike, —¿Por qué no fuiste al baño???—

—¡NO LLEGUÉ A TIEMPO!!!—

De más está decir que ese día no hubo otro tema de conversación en el recreo.

Sí, los recreos eran lo mejor del colegio, aunque duraran apenas unos minutos. Porque en nuestra memoria, los recreos siempre serán eternos.

MINAS

Mujeres: no se puede vivir con ellas ni sin ellas

¿HUBO CHAPE?

Antes que nada, déjenme aclarar que en mi época la palabra chapar la usaban los viejos y nadie te preguntaba "¿hubo chape?". Te preguntaban ¿te la apretaste?

Hecha la aclaración tengo que admitir que, en mi caso particular, de chape había poco y nada. Quizás por ese motivo recuerdo tan bien mi primer beso.

No tendría más de 11 años, y estábamos jugando a la botellita con los chicos (y chicas) del barrio.

Para aquellos que no conocen el juego paso a explicar: consiste en hacer una ronda donde, sentados en el piso, hacíamos girar una botella chica de coca cola y cuando paraba le dabas un beso a la persona que apuntaba el pico (¿habrá surgido de acá la expresión ``dar un pico`?)

Me acuerdo que era un día soleado y nos habíamos puesto a jugar en la vereda de la Fábrica de La Vascongada que daba a Humberto Primo, junto al paredón a resguardo del sol, y como no había casas en esa parte de la cuadra pasaba muy poca gente.

No éramos muchos, si la memoria no me falla diría que no éramos más de seis.

De los que me acuerdo bien clarito son de Horacio, -que además de ser amigo del barrio era compañero mío del Santa Cruz-, de la increíble Hulk, una chica robusta a la que era mejor no hacer enojar, del hijo del dueño del hotel de pasajeros de Urquiza, de Salvador, el hijo del colectivero, de Roxana Oliveros, también compañera del Santa Cruz, y de Nelly.

Nelly.

En esa época era flaquita, chiquita y con el pelo cortado al estilo Cristobalito, pero tenía unos ojazos azules que eran un par de lamparones que te derretían. Y adivinen. ¡Siiiii! Cuando me tocó a mí girar la botellita, la usualmente caprichosa fortuna me sonrió y apuntó a la mencionada dama de agraciada mirada. El beso fue fugaz, pero para mi sorpresa no me puso el cachete como a los demás y mis labios besaron los suyos. La suerte estaba de mi lado ese día y la botellita siguió apuntando a Nelly cada vez que me tocaba a mí o a ella. Tres veces seguidas.

Esa misma tarde la invité a tomar un heladito a La Vascongada (el Batitú, que era el de crema cubierto de chocolate, nada de Pistón que era el más baratito), y aunque no la volví a besar y ella tampoco a mí, nos habíamos convertido en noviecitos a los ojos de los demás. No que yo me hubiera enterado, claro. Pero cuando vino la mamá de Nelly me miró con una sonrisa de oreja a oreja y me tiró un `` ¿cómo anda el hombre más buen mozo de la cuadra? `` Ahí me tendría que haber avivado, pero siempre fui un salame marca cañón con las mujeres.

Dicen que cuando te viene una mala, te vienen todas malas, algo muy cierto. Pero con el tema chicas también aplica la inversa: fue correr el rumor sobre mi affaire y de repente tenía una admiradora secreta.

¡Cosa de locos!

Estábamos jugando a las bolitas con Quiroga y Horacio en el pasillo del edificio donde vivía cuando apareció la hermana de Horacio con una sonrisa cómplice en la boca y una carta perfumada en la mano:

—Parece que alguien tiene una admiradora secretaaaa......— me dijo cantando, y me dio la carta sujetándola con dos dedos

—¿Quién te la dio?— le pregunté mientras los otros dos se reían y me gastaban de lo lindo

— ¡Ah! No sé, yo no vi nada ....

¡ESTÁS IGUAL!

Y la verdad casi le creí, porque la pobre usaba unos anteojos culo de botella gruesos como los del culo de una Mountain Dew. El turro de Horacio me arrebató la carta de las manos y en torno burlón se puso a leerla:

— Hola Rubén, desde que te vi me gustaste. Nunca me animé a decir nada, pero ya no aguanto más...

— ¡Dame eso boludo!— Le dije sacándole la carta de un manotón

Me metí la carta en el bolsillo y me fui al almacén a leerla tranquilo. Me encantó la carta. La autora, quien quiera que fuese, sin duda tenía talento para la prosa. Además, la carta estaba llena de corazoncitos y al final, en lugar de una firma había un beso de labios pintados de rouge rojo intenso. Le pregunté a Roxana, mi única amiga del sexo opuesto, para ver si sabía algo, pero no tenía idea. Así que me olvidé del tema y seguí con mis cosas. Inocentemente pensé que todo había terminado ahí.

Que equivocado estaba.

Habían pasado dos días y teníamos una fiesta de cumpleaños en el segundo piso del edificio de Horacio (él vivía en el sexto) La que cumplía era una rubia altona que había visto un par de veces, pero de la que no sabía ni el nombre, y todavía no lo sé, porqué mentir. La fiestita estaba piola: había bowls con chizitos, palitos y papas fritas `` ¡Bum! ``, panchos, sanguchitos de miga, Pepsi, Mirinda y Seven-up, y uno de los hermanos de la agasajada pasaba los discos de los abuelos de la nada y Charly García. ¡Temones! Además, Yo estaba hecho todo un caballero y le había servido un vaso de Pepsi y un pancho a Nelly.

No sé a qué genio se le ocurrió jugar al cuarto oscuro. Y obviamente yo me enganché a jugar al toque:

—Andá vos, yo no tengo ganas—, me dijo Nelly

Y yo fui. Habían corrido los muebles de la habitación para que nadie se matara en la oscuridad, y al principio estaban todas las chicas arrimadas contra una pared de la habitación y los pibes en la pared opuesta. Nadie se movía hasta que Salvador pegó un grito como de fantasma y las chicas gritaron y todos se pusieron a correr por la habitación. Alguno se cayó y empezó a vociferar que lo estaban pisoteando. Eso ya fue un poco mucho para mí y me quedé piola en un lugarcito que había entre los muebles. De pronto sentí dos brazos que me acorralaban:

— ¿Te gustó mi carta? —me preguntó la rubia altona mirándome desde arriba

— ¿La carta? Sí, muy lind...

No pude terminar la frase. Ahí nomás me dio un beso chiquito en los labios y se fue corriendo entre risitas, dejándome desconcertado y con ganas de más. Intenté buscarla con la mirada, pero entonces Salvador tiró un velador al piso y la mamá de abrió la puerta de la habitación con cara de que nos iba a matar a todos y prendió la luz. Salimos todos calladitos.

Lo que pasó a continuación fue surrealista: las chicas rodearon a Nelly y le empezaron a decir algo al oído que visiblemente no le gustó nada. Tirándome una mirada gélida que valía más que cien palabras se fue de la fiesta. Y yo me quedé ahí parado como un tarado preguntándome que había hecho mal.

Nelly me retiró el saludo y no quiso saber más nada conmigo. Encima la rubia altona se mudó a los dos meses y me quede sin el pan y sin la torta. Años después a Nelly le creció de todo y se cortó el pelo como Araceli González, y hasta filmó una publicidad para la televisión chupando un helado.

Y así terminó mi primer noviazgo antes de haber empezado. Pero bueno, al menos le alegré esa tarde a mi viejo cuando me preguntó:

¿Hubo chape?

EL UNICORNIO
AZUL

La primera vez que salimos a bailar fue lamentable, una experiencia olvidable. La matinée era poco más que un asalto diurno con los compañeritos del colegio, pero en un boliche lleno de desconocidos. Me acuerdo que habíamos hecho una cola a los rayos del sol en la avenida Córdoba para entrar al boliche de moda, "Dimensión" del muñeco Badía, Las gotas de transpiración nos corrían por la frente, teníamos la camisa empapada con una mancha de sudor horrible en la espalda y los dedos del pie parecían que nos iba a explotar en los zapatos.

Las Nike todavía no se habían puesto de moda para ir a bailar, y todos usábamos unos zapatos canadienses que eran fenómenos para el clima invernal del polo norte pero no para el asfalto ardiente de Buenos Aires. Eso sin contar que los míos además estaban un escalón por debajo del resto, porque de canadienses solo tenían la facha. Si por lo menos hubiera tenido unos "Timberland" originales quizás la espera se hubiera hecho más llevadera, pero en esa economía infernal de Alfonsín de los ochentas era difícil llegar a juntar la moneda necesaria para comprar un par de esa marca, y me tuve que conformar con una copia trucha que compré en la recova del Once con Charly.

Había que mirarlos bien de lejos y en una de esas pasaban por los originales si el observador casual estaba distraído. Pero para mí que los tenía puestos, los "Sansey" eran dos instrumentos de tortura: parecía que ambos zapatos habían sido diseñados sin consideración alguna por la anatomía humana, y juro que la suela estaba fabricada con algún tipo de compuesto experimental que concentraba el calor haciendo que la temperatura aumentara de manera exponencial.

Para colmo, eran indestructibles. Veinte años más tarde, mi tío Dionisio seguía usándolos para trabajar en la quinta de Mar del Plata; según él, los "Sansey" eran más resistentes que las botas. Creer o reventar.

Las chicas no la pasaban mejor, con los tacos, el maquillaje y esos peinados batidos de los ochentas. Por lo menos ellas generalmente eran las primeras en entrar, y se iban derecho a los baños para recomponerse, nosotros teníamos que seguir esperando bajo el sol sin otro alivio que el de arremangarse la camisa.

Una vez adentro, comenzaba un elaborado ritual donde las chicas se reunían en grupos y los varones caminábamos alrededor de la pista como buitres en torno a su presa. Lo que no sabíamos es que las chicas eran las que elegían y no nosotros: con sus risitas y miradas cómplices nos atraían como moscas a la miel, y a los que no se bancaban se los sacaban de encima con una palabra. Encima nuestras armas de seducción preadolescentes eran bastante pobres, y una conversación típica podía llegar a durar menos de cinco segundos:

—¿Querés bailar? —

—No —

—¿Segura? —

—Si —

—Bueno —

El momento clave para sacar a bailar —o a que nos eligieran— era a las once menos cuarto, justo antes de que empezaran los lentos, así quedaba disimulado y enganchabas a la chica como quien no quiere la cosa para poder bailar agarraditos.

¡Ah, los lentos! Uno de los mejores inventos de la humanidad que fue misteriosamente abandonado por los diabólicos emporios bolicheros. Era la época dorada de Phil Collins, un especialista de los lentos, o de los grupos de rock pesado, que demostraban una peculiar habilidad para componer canciones románticas.

Todo terminaba a las doce en punto, cuando se cortaba la música y se abrían las puertas para que se fueran los chiquitos. Mientras íbamos saliendo, podíamos ver a los "grandes" que hacían fila para entrar sin la tortura del sol pegándoles en la cabeza y con toda la noche por delante. Nosotros, con suerte, teníamos una hora más para ir a tomar un helado, aunque éramos tan ratas que más de una vez las chicas nos tuvieron que invitar ellas a nosotros.

Con el tiempo fuimos creciendo y cambiamos de categoría, pero entonces surgieron otros desafíos. El tema de los patovicas era algo novedoso y aleatorio; siempre existía el riesgo a que no nos dejaran pasar, y entonces había que usar tácticas de elusión, como engancharse a un grupo de chicas en la fila y pasar de vuelta charlando como si nada, o sacarse e intercambiarse las camperas, o simplemente dividirse y entrar separados en lugar de hacerlo en grupo.

Pero siempre existía la posibilidad de que uno no lograra entrar, y si rebotaban a uno, el resto se iba también. A veces, estábamos yendo a un boliche y un tarjetero nos conseguía descuentos para otro local y cambiábamos el rumbo.

Pero todo representaba un problema de movilidad, y a menos que estuvieras en zona ir caminando se hacía difícil.

La solución era obvia y al mismo tiempo imposible para un grupo de púberes de dieciséis y diecisiete años.

Todo eso cambió cuando apareció en nuestras vidas el unicornio azul.

O más bien, cuando conocimos a Sebastián, el dueño del unicornio azul. Sebastián tenía nuestra misma edad y había dejado el colegio para trabajar en una editorial —o algo parecido—, lo que le daba acceso a una cantidad ilimitada de revistas Playboy y Libre que luego revendíamos en el Parque Rivadavia.

En una época donde no había internet, esas revistas venían envueltas en papel celofán mitad transparente y mitad negro —para dejar ver el título y ocultar el resto— se vendían como el oro.

Con las ganancias de la venta de las revistas teníamos para salir los fines de semana, pero lo mejor no era eso.

En un acto totalmente inconsciente y que hoy en día sería motivo de título en primera plana de los diarios, Sebastián le sacaba las llaves del auto al viejo y nos íbamos de parranda con los chicos.

El auto era un fitito azul del 79 con una antena en el medio del techo, una cosa hermosa. Alguien le puso "el unicornio azul", y nunca hubo un nombre mejor puesto.

Pese a sus reducidas dimensiones nos llevaba con comodidad a Sebastián, Mariano, Fernando, Diego y a mí, y para nosotros era una limusina.

¡ESTÁS IGUAL!

EL ÚNICO PROBLEMA ERA que la clandestinidad no nos sentaba bien. Vivíamos con el corazón en la boca, con el miedo constante de que nos pararan y nos pidieran la licencia de conducir.

—¡Ay la puta madre! — solía alertar Fernando, que era el que estaba más atento a las señales de alerta

—¿Qué pasa??—

—Tenemos un patrullero atrás ¡Doblá, doblá! —

—¿Adonde? No veo nada —

—¡Ahí, boludo, a dos cuadras! —

Más de una vez estuvimos a punto de caer, y después de tantos disgustos deberíamos habernos curado de empacho. Pero la tentación era demasiado grande, y seguimos haciendo uso del fruto prohibido. Y el premio mayor vino cuando conseguí las llaves del cuarto "C" de Deán Funes y San Juan, un dos ambientes vacío y disponible para nuestra diversión.

Pero la ley de Murphy es implacable, y teníamos todo menos lo que más nos importaba.

—Tenemos auto, tenemos el departamento... ¿y las minas dónde están??— estallé en un grito de frustración luego de una noche de sequía total

Dicen que las cosas malas vienen todas juntas, y ese fue nuestro caso. Primero perdimos el suministro de revistas cuando Sebastián cambió de trabajo, después mis viejos vendieron el departamento, y finalmente vino el golpe de gracia: el viejo de Sebastián se avivó que le sacaba el auto y casi lo mata.

El sueño había terminado, y nos quedamos sin nuestro querido unicornio azul. Nos quedamos, eso sí, con el dulce recuerdo del pequeño bólido y la melodía de la canción de José Feliciano en los oídos:

"Mi unicornio azul ayer se me perdió,
pastando lo deje y desapareció.
cualquier información bien la voy a pagar.

las flores que dejó no me han querido hablar.
Mi unicornio azul ayer se me perdió,
no sé si se me fue,
no sé si extravió"

SE ARMÓ EL BAILE

¿Alguien se acuerda de la primera vez que fue a bailar? Yo sí. El primer baile en el que estuve fue en el cumpleaños de 11 de mi amigo Charly, lo recuerdo como si fuera ayer. Mi hermanito había planeado ese momento durante semanas, y aunque sus intenciones eran las mejores, no había sido muy sutil: había invitado solo a cinco personas además de mí, el pelado Fernández, Jorgito, Botto, y obvio, a las dos chicas que nos gustaban a nosotros dos, Paola y Silvana.

Claro que el departamento de Charly no era un seis ambientes, así que tenía la excusa perfecta, pero igual la maniobra de mi compadre resultaba un poco obvia. Y la verdad, nos importaba un comino, las chicas habían ido y teníamos la sonrisa dibujada en la cara. Todo estaba listo para una noche inolvidable.

Sin embargo, uno de los comensales tenía otros planes.

Botto era bien rubio, con cara de pícaro y más travieso que el mismo Jaimito. El muchacho se había hecho tan mala fama entre los profesores que cada vez que alguien se mandaba una cagada, inmediatamente lo acusaban a él. De hecho, cuando pasaba algo y sin que nadie preguntara nada, el curso entero gritaba al unísono:" ¡FUE BOTTO!"

Ese día Botto iba a hacer honor a su fama.

Mary, la mamá de Charly, se había esmerado, y el departamento estaba decorado con la típica parafernalia cumpleañera: el cartelito de "Bienvenidos" en la puerta de entrada, las letras de feliz cumpleaños colgando de la pared, unos banderines rojos y globos de varios colores.

Como siempre la mesa estaba bien aprovisionada con chizitos, palitos y papas fritas, empanaditas de copetín, salchichitas y sanguchitos de miga.

De entrada, pusimos el disco de Gapul, un DeeJay italiano que era el boom en los boliches de los ochentas, y nos pusimos a bailar con las chicas mientras los otros comían y nos miraban. El pelado y Jorge no tenían drama, no les gustaba bailar y se mataban de risa viéndonos a nosotros (yo también me hubiera reído si me hubiera poder visto a mí mismo)

Pero Botto era diferente, y no se bancaba aquello. No porque estuviera celoso —la verdad es que estaba en otra todavía —, ni tampoco porque fuera un mal pibe, sino porque, lisa y llanamente, estaba muuuy embolado.

ASÍ QUE, SIN QUE NOS diéramos cuenta, se escabulló de la fiesta y se metió en la habitación de Charly. Que se metan con tu intimidad es horrible, y que le muestren tus cosas a los demás es peor, pero que lo hagan delante de la chica que te gusta es imperdonable.

Botto empezó a traer todos los chiches de Charly, interrumpiendo el baile y haciendo que Charly tuviera que arrebatarle las cosas de la mano.

La camioneta de Brigada A, los autitos de colección "Matchbox", el Ford Sierra de la marca "Buby", y hasta la fábrica de "Mr. T", una caja que tenía un molde para hacer un Mario Baracus con masilla. En ese momento agradecí no estar en mi casa: la cargada de los chicos fue inevitable, pero el que está libre de pecado que tiré la primera piedra, bien lo sabía yo que en mi bolsa de chiches tenía a la fábrica de los pitufos.

Al final Mary tuvo que intervenir y cerró la puerta de la habitación con llave. Para cambiar un poco el aire, le cantamos el feliz cumpleaños a Charly, y Botto pareció calmarse un poco.

La torta era casera y estaba exquisita, pero tengo que decir que yo estaba un poco desilusionado porque Charly se había delirado diciendo que había comprado una torta de Mazinger Z, y lo que había ahí era la clásica torta de frutilla con crema chantilly.

Después de soplar las velitas vinieron los lentos, algo fríamente calculado por mi amigo. Tengo que reconocer que la técnica de baile me agarró por sorpresa y no sabía para adonde arrancar, porque en las películas y en la serie "modelo masculino", Jon-Erik Hexum siempre bailaba pegadito a la actriz, pero acá la cosa era diferente. En los 80 los lentos se bailaban tomando distancia, con los brazos extendidos y dejando un espacio en el medio lo suficientemente grande como para hacer lugar al espíritu santo. Pero lo cierto es que no nos podíamos quejar, porque al menos teníamos lentos, después en los 90 por alguna misteriosa razón, desaparecieron por completo.

Estábamos en el medio de la canción "murmullo descuidado" del grupo "Wham!" cuando Botto sacó la puerta del dormitorio de las bisagras y apareció con la castigada abertura de madera en la mano.

COMO CUERNOS HABÍA hecho el pibe para sacarla de ahí es un enigma que nunca voy a descubrir, pero el hecho es que mientras tratábamos de volver a poner la puerta de vuelta en su lugar, Botto volvió a entrar al cuarto y tomó un nuevo rehén.

—¡No, el monito no! — gritó Charly desesperado

El terrorista de Botto había capturado al monito que había acompañado a Charly desde que era un tierno bebé, y amenazaba con tirarlo por la ventana. Hubo un forcejeo, y Charly logró sacarle el peluche, pero entonces Botto agarró el bien más preciado de mi amigo: la pelota Adidas "Tango" número 5 del mundial 78 que, si bien no era la oficial de la FIFA, estaba esponsoreada por la AFA y salía un ojo de la cara. Charly la había visto en una tienda del Once y se había quedado enamorado de la redonda. Después de mucho suplicar, había logrado que se la regalaran para navidad, y la cuidaba como si fuera un tesoro, así que es fácil imaginar la cara de espanto de Charly.

PERO BOTTO ESTABA ENDEMONIADO, y tenía sed de sangre. Sin piedad por los sentimientos de mi amigo, abrió la ventana y arrojó la Tango al vacío, que cayó en cámara lenta al techo del estacionamiento, en un lugar inaccesible y encima claramente pinchada.

Ese fue el fin de la Tango número 5, y del baile.

Si no me equivoco, el papá de Charly, Miguel, después le terminó dando una propina al portero y logró rescatar a la legendaria pelota, pero la verdad es que no estoy seguro porque Charly lo guardó bajo siete llaves y nunca más lo volví a ver. Por mi parte, después de ese, hubo muchos bailes más, pero aquel siempre va a tener un lugar especial en mi corazón. No solo porque fue el primero, sino porque además Charly lo había hecho a nuestra medida.

No por nada, cuando llegué ese día a la fiesta Charly me había recibido con los brazos abiertos y, con un brillo en los ojos me había dicho:" ¡Se armó el baile!"

RUBEN GARCIA

VACACIONES

Qué lindo que es estar en Mar del Plata en alpargatas
156

VAMOS DE PESCA

Mi primer encuentro con el noble arte de la pesca fue durante las vacaciones de verano en Mar de Ajó. Mi tío Juan y su hermano habían sido pescadores en Sada, y en las vacaciones le alquilaban una red a un italiano y aprovechaban para despuntar el vicio. Cuando empezaba a caer el sol se metían en el océano con la red, e iban barriendo la costa, y al salir traían todo tipo de frutos del mar: corvinas, pejerreyes, decenas de cornalitos y a veces hasta una raya. Me acuerdo que mi tía Celia se ponía a cocinar y yo la ayudaba a preparar los cornalitos, lavándolos y pasándolos por harina. Usábamos fácil media botella de aceite "Patito" para freír semejante cantidad de pescado, pero el esfuerzo bien valía la pena.

Otro fanático de la pesca era mi tío Dionisio. Con el me compré mi primera caña de pescar en la "Casa López", una tienda de camping de Mar del Plata en la calle Mitre, entre Rivadavia y San Martín.

—¿Y QUE REEL COMPRAMOS? — le pregunté ese día cuando estábamos eligiendo los aparejos

—El "Escualo"— me respondió el tío Dionisio sin titubear, —Hecho en Argentina, no se rompe nunca —

Y resultó ser como él me dijo, no se rompió jamás, pero era durísimo de manejar y cada dos por tres se te enredaba la línea y se hacía una mélange terrible. Además del reel y la caña, había que comprar la línea y los anzuelos, porque las plomadas las hacía directamente él. Plomadas que podían ser tipo gota de agua, redondeadas, o con forma de triángulo.

—Preparate que mañana la probamos — me dijo cuando salimos del local

Al día siguiente nos levantamos a las tres se la mañana, nos tomamos dos colectivos —el 512 hasta la Bristol y después el 221— y nos fuimos a Santa Clara del Mar.

—Acá pican mejor — me explicó el tío Dionisio

Pero antes de empezar había que comprar la carnada en un puestucho en el medio de la ruta; para el tiempo que llegamos a la punta del espigón estaba tan cansado que ya me quería volver. Pero la cosa recién empezaba, y empezó el duro proceso de aprender a tirar la línea, algo que se iba complicando a medida que pasaba el tiempo y el espigón se iba llenando de viejos cascarrabias con poca paciencia a la presencia de molestos aprendices. Para ser sinceros, un poco de razón tenían: la primera vez casi le reviento la cabeza a uno con una plomada, la segunda vez le enganché el pantalón a otro, y la tercera vez le crucé la línea a media docena de cañas. Pero al final le terminé agarrando la mano, y logré arrojar la línea derecha y lo suficientemente lejos como para que la plomada no se quedara enganchada en las piedras del espigón.

Pero pescar algo era otro cantar.

Había que ser adivino para saber cuándo habían "picado" los peces, o cuando eran las olas las que habían movido la línea.

—El secreto está en pegar el tirón cuando pican—me recordó el tío mientras sacaba la tercera corvina ante mi evidente frustración

Pero yo pegaba el tirón y no pasaba nada, traía la línea y venía el anzuelo limpio; más que pescarlos, estaba alimentando a los peces. Estábamos a punto de levantar campamento cuando se produjo el milagro: pegué el dichoso tirón y enganché algo.

—¡Seguí, seguí, no aflojes la tanza que se escapa! —

No aflojé y el "Escualo" no se me enredó. Cuando finalmente saqué el anzuelo del agua, no podía creer lo que traía:

—¡Uuuaaauuu! ¡Saqué un tiburón! —

—No es un tiburón, es un cazón, es la cría del tiburón — me aclaró el tío Dionisio

Pero a mí nadie me sacaba la idea de la cabeza, y cuando volvimos al chalet de la calle San Martín y la tía preguntó cómo nos había ido, yo le respondí feliz:

—¡Requetebién! ¡Yo pesqué un tiburón! —

Lo hicimos frito, y tenía un sabor increíble, quizás porque lo había capturado con mis propias e inexpertas manos. Pero el mar nos quedaba lejos, y en Capital en cambio era mucho más difícil pescar algo comestible, por no decir imposible. Lo único que podíamos pescar eran mojarritas en los lagos de Palermo, o con suerte un bagre en el Rio de la Plata.

Así y todo, cada vez que podíamos nos hacíamos una escapada con los chicos del colegio.

Casi siempre nos tomábamos el colectivo desde la casa de Sergio, o nos llevaba el viejo de Jorge en el Peugeot 504 a la ciudad deportiva de la Boca.

En una de esas salidas se nos unió el pelado, que se vino equipado con una caña de última generación, con uno de esos reels importados de tambor horizontal, doble anzuelo, carnada artificial y unas plomadas especiales que tenían unos ganchos que le sobresalían de los costados. Con semejante tecnología, pensamos que el pelado se iba a pescar la vida, y cuando se dispuso a tirar la línea estábamos todos a la expectativa.

Pero al primer intento se le cortó la tanza en pleno aire y perdió los anzuelos, la carnada y la plomada especial. Volvió a repetir la maniobra con idéntico resultado, una y otra vez, y finalmente al sexto intento desistió y guardó toda la parafernalia. Igual el rio estaba picado y todos terminamos perdiendo las líneas.

Obviamente, ese día no pescamos nada.

Pero pronto tuvimos la chance de redimirnos; organizamos una excursión de tres días a la laguna de San Miguel del Monte, que al parecer era un paraíso de la pesca. Para transportar todos los aparejos, provisiones y la carpa el viejo de Jorge puso a disposición la chata, una Ford 4x4 que además podía llevarnos a todos, cinco grandotes bien crecidos: Jorgito, Sergio, Mike, Cordero y yo.

EL CAMPING ESTABA BIEN excepto por un detalle: los baños estaban más sucios que el alma de Hitler, todos manchados, sin limpiar y con un olor insoportable. Pero esa primera noche decidimos no hacernos drama; armamos la carpa, hicimos la cena y nos fuimos a dormir. Sergio intentó contar unas historias de terror, pero apenas empezó a hablar de la luz mala Mike —que odiaba cualquier tipo de cuento gualichero— le pegó un puñetazo en el hombro para que se callara y nos dejó sin entretenimiento nocturno.

Al día siguiente, nos despertamos sintiendo algo calentito en la cabeza, lo que era extraño porque en las madrugadas de Monte hacia un tornillo de la gran siete.

—¡Que suavecito! ¿Alguien se compró un peluche? — preguntó Cordero

—¡Boludo, no es un peluche, es un perro! —

Afuera había una jauría de perros callejeros llenos de pulgas que se habían apoyado a dormir junto a la carpa, atraídos por el calor de nuestras peludas cabezas. Cordero pegó un salto del jabón que se pegó que hizo tambalear la carpa, y los perros empezaron a pelearse entre ellos haciendo un zafarrancho tal que levantamos a todo el campamento.

Por suerte, el resto del día nos fue mejor: encontramos un lugar ideal para tirar la línea, un puente sobre una rama de la laguna donde los peces picaban a lo loco. Cuando llegamos al camping esa tarde traíamos tres tarariras enormes, como esas que salen en las revistas de pesca deportiva, y un pejerrey para chuparse los dedos. La excursión era todo un éxito, y nos fuimos a dormir con la panza llena y el corazón contento.

En ese momento no sospechábamos que nuestra suerte estaba a punto de cambiar radicalmente.

Al día siguiente volvimos a nuestro lugar secreto, pero el viento había cambiado, o los dorados se habían avivado, la verdad no lo sé, pero el caso es que habían desaparecido y no picaba nada. Fuimos cambiando de lugar para ver si teníamos mejor suerte, pero la laguna parecía estar vacía, y después de perder la mitad del día bañando la carnada, decidimos que no iba a pasar nada y fuimos a dar una vuelta al pueblo.

—¿Y porque no alquilan un bote? — nos sugirió el almacenero cuando nos escuchó protestar

—¿Un bote? —

—Claro — respondió hablando como quien dice algo obvio, —En el centro de la laguna hay un pique excelente —

A primera hora de la mañana siguiente, estábamos alquilando el dichoso bote. A pesar de que era temprano, hacía un calor de la gran flauta, y nos embarcamos muy alegremente en malla y sin remera, y empezamos a remar al medio de la laguna. Llegar hasta ahí nos llevó casi dos horas, pero a esa hora el sol no pegaba tan fuerte, y con paciencia y tomando turnos fuimos remando como pudimos hasta que finalmente estuvimos rodeados de una inmensidad de agua.

¡ESTÁS IGUAL!

La carnada era mi responsabilidad, pero como los dorados tampoco aparecían en ese lugar privilegiado, Mike se aburrió enseguida y se puso a pescar mojarritas conmigo. Las sacábamos de a montones, y para usarlas de carnada las decapitábamos con un golpe de karate.

—¡Paren de sacar palometas que no está picando nada! —

Encima el sol empezó a calentar como si tuviéramos una lupa sobre nuestras cabezas.

—Che, está fuerte el sol ¿Y si vamos pegando la vuelta? — pregunté mojándome la cara con el agua de la laguna

—¡No seas maricón! — me respondió Jorge, —hay que amortizar el alquiler del bote—dijo zanjando el asunto

Para cuando llegó el mediodía estábamos todos metidos con el agua hasta el cuello, nadando en la laguna intentando sofocar el calor, y nos habíamos dado cuenta de que, si no nos volvíamos ya, nos íbamos a morir achicharrados.

El problema es que éramos malísimos remando, y no había forma de que aguantáramos la vuelta durante dos horas bajo el sol. El único que sabía remar era Sergio, y terminó tomando el control.

—¡Déjenme a mí! — nos gritó sacándonos los remos, —¡Son unos inútiles! —

—¡Es que vos corrés con ventaja porque tenés ancestros africanos! — le dijo Jorge gastándolo

Lo cierto es que el pobre Sergio tuvo que hacer todo el trabajo duro mientras nosotros le tirábamos agua usando la gorra de Huracán de Jorge. Pero al menos las dos horas que nos había tomado la ida se redujeron a una.

Igualmente, ya era muy tarde, porque a esa altura ya teníamos quemaduras de tercer grado, y no nos podíamos ni mover. Al ardor insoportable de la piel se unía la falta de una ducha decente para sacarnos la mugre acumulada de tres días. Desesperados, esa misma tarde cuando ya había caído el sol, nos metimos en la laguna. en mi caso jabón en mano, un ejercicio inútil porque se me cayó al toque, y porque me comí tremenda gastada de los pibes.

Cuando vino el viejo de Jorge a buscarnos al día siguiente, estábamos hechos unos villeros barbudos, quemados, y nauseabundos.

—¿Y muchachos? ¿Cómo les fue? —

Nos miramos un segundo, y luego respondimos:

—¡Fenómeno! Pescamos tres tarariras enormes y un pejerrey —

Nos guardamos los detalles más oscuros de nuestra excursión, con la conciencia tranquila de estar diciendo una parte de la verdad.

Porque lo importante no es que todo salga perfecto, ni siquiera cuantas piezas se saquen.

Lo importante es decir "¡Nos vamos de pesca!".

SWEET HOME CATAMARCA

Era el verano del 92, el Carlos iba ya por el tercer año de gobierno y la nueva estrella de la economía era el ministro Cavallo, un pelado mal encarado y fanfarrón que venía con una receta infalible para matar a la maldita inflación: el plan de convertibilidad. El Mingo le dio fin al austral de Alfonsín reemplazándolo por el peso, y anunció que, a partir del 1 de enero, un peso sería igual a un dólar, y sanseacabó.

El único problema era que a las empresas les importaba un comino la convertibilidad, y seguían aumentando los precios como si nada, desde el pan hasta los medicamentos, e incluso la luz, que era proporcionada por la todavía compañía estatal SEGBA. El Mingo estaba como loco, y amenazó con intervenir a los laboratorios. La cosa no venía fácil, y para colmo la imprenta de la Casa de la Moneda no daba abasto y no se veía un solo peso en la calle. Tal era la escasez que la tapa del Clarín era un vendedor de panchos que le habían pagado con uno de los nuevos billetes, y que tenía los mismos bigotes que Pellegrini.

Mientras tanto, las vacaciones se nos venían encima, y el destino se mostraba incierto. En la costa la marea roja, una misteriosa plaga de la que nadie había escuchado antes, había contaminado a los moluscos arruinando uno de nuestros hobbies preferidos de nuestra infancia; escarbar la arena y romperse las uñas para sacar almejas. Ahora te comías una y te podías morir en quince minutos. En Córdoba tampoco estaba el horno para bollos: había habido un aluvión a principios de año con más de noventa muertos y cientos de heridos.

—¿Y si vamos a Catamarca? — dijo Charly mientras jugaba al "Príncipe de Persia" en mi modernísima computadora XT con monitor ámbar

—¿A Catamarca? — preguntó Mariano sin estar seguro si había escuchado bien

—Sí, yo tengo familiares ahí —

—¿Estás seguro? — yo no estaba muy convencido, pero Charly hizo un ademán para que no me preocupara

—¡Fumá, Rugar! — me dijo, —todos los años me piden que vaya. Lo único que tenemos que pagar es el pasaje del micro, allá tienen una quinta en "el Rodeo" y no tenemos que preocuparnos por nada —

—¿Qué es el Rodeo? —

—El lugar de vacaciones de la gente bien de Catamarca. Tranquilos, ¿eh? Esta gente está metida en la política y tiene toda la guita —

Así fue que metimos el traste en un micro y nos fuimos a Catamarca. Se nos borró la raya después de estar catorce horas sentados en un micro de larga distancia con carrocería de los ochenta, y el walkman con los cassettes de Genesis, Depeche Mode y el compilado con los B-52 y Eurythmics llegó con las pilas totalmente agotadas. Pero en algún momento el micro paró y el chofer anunció que estábamos en San Fernando del Valle de Catamarca.

La cosa arrancó mal de entrada.

—¿Trajeron carpa? — preguntó la tía de Charly

Gracias a Dios se me había ocurrido llevar mi querida carpa de Pezcalandia, por si las moscas.

—Sí, trajimos— la cara de tujes de Charly era indisimulable

—Listo. Cuando venga "Quico" de bailar, mi marido los lleva a todos al Rodeo —

Quico era el hijo de la tía de Charly, un loco lindo que se hizo amigo nuestro enseguida y que, nos enteramos después, nos iba a salvar de que nos dieran una paliza por el solo hecho de ser porteños. A Quico le gustaba correr picadas, la sangría, escaparse de la novia y andar fuerte con el auto en la peligrosa ruta que iba de Catamarca al Rodeo, algo que compartía con muchos de esa época, y que había producido una cantidad enorme de muertes.

El Rodeo quedaba a sólo 39 kilómetros de la capital Catamarqueña, pero para llegar a la villa turística había que atravesar las montañas por una ruta de altura. A 3500 metros de altura los oídos se te tapaban y se te fruncía todo si mirabas hacia abajo, pero el sacrificio bien valía la pena: los paisajes te sacaban el aliento, ni siquiera Picasso hubiese sido capaz de capturar los colores difuminados de aquellas cimas que se iban descascarando en finas capas para dar paso a los valles de verde esmeralda.

Todo muy lindo, pero cuando llegamos a la quinta, la casa estaba cerrada y nos dijeron que podíamos armar la carpa en el parque del fondo. Hacía un calor de la gran siete, las hormigas eran tamaño marabunta, y los mosquitos te caían encima como si fueran aviones Pucará.

—Yo me voy ya mismo a la mierda — dijo Charly agarrando el bolso

Mariano y yo, que ya habíamos hecho vida de carpa y estábamos cancheros, intentamos calmarlo con sutileza y mucho tacto.

—¡La concha de tu hermana Charly, acabamos de llegar! —

—No me importa, no tengo hermana —

—¿Y qué pasó con eso de "fumá"? ¡En el culo te vamos a meter el cigarrillo! —

—Tampoco me importa, no fumo papá—

Estábamos a punto de matarlo, cuando cayó Quico con la novia y una amiga, una morocha con unos shorcitos de infarto—

—¿Esta noche vienen al baile en la Posada, no? —

—Sí, claro — se apresuró a responder Charly como si nada hubiese pasado mientras se hacía el banana con la morocha

Quico era macanudo, tenía la cabeza abierta, pero sus primos eran una historia diferente. Con nuestra ropa de marca, nuestro acento porteño y la melena noventera de Marianito, teníamos un selló en la frente que decía "pegame".

Ya de entrada, uno dijo con cara de pocos amigos:

—Estos porteños no tienen plata para ir a Mar del Plata y se vienen a matar el hambre a Catamarca —

Nos miramos sin saber si reír o llorar. Quizás en su mente Mar del Plata era una especie de Miami.

—Con ellos no se mete nadie — les advirtió Quico haciéndose el capanga, —los tres vienen conmigo —

Parecía una película de esas de la cárcel, si te descuidabas te la daban.

Y lo peor estaba por venir.

Aquella noche, las chicas se escapaban como si tuviéramos sarna, y tampoco éramos TAN feos. En un momento, empezó a sonar "la pachanga", un hit de una banda nueva llamada Vilma Palma e Vampiros, y sin poder resistirnos, salimos a bailar solos a la pista.

Fue como poner miel para llamar a las abejas; pronto estábamos bailando con unas chicas que se reían con todas las pavadas que decíamos. Lo que pasó a continuación fue surrealistas: vinieron tres tipos y se llevaron a las chicas del brazo.

Caliente como una pava y con la sangre gallega a punto de explotarme, estaba a punto de ir a buscarlos cuando Charly me tomó del brazo y me frenó en seco.

—Pará Rugar, mirá alrededor —

La gente en el boliche había dejado de bailar, y todos nos miraban como si hubiésemos matado a alguien.

En realidad, a los que nos querían matar era a nosotros.

—Los catamarqueños no soportan que vengan unos porteños vengan a robarle las mujeres — Quico se encogió de hombros como si fuera algo inevitable, —el año pasado le bajaron tres dientes a un cordobés cuando volvía del baile —

—¿Tres dientes???—

¡ESTÁS IGUAL!

—Sí, y la sacó barata. Yo pensé que le habían partido el cráneo y lo habían hecho "aca" con el piedrazo que le habían pegado —

A partir de ese momento empezamos a tener un perfil bajo durante las noches, aunque era bastante difícil.

—Esa rubia te está fichando mal, Cheìto— lo codeó Charly

—Gracias, pero quiero conservar todos los dientes —

—No seas cagón— le dije yo, ¿Qué te pueden hacer por hablarle nada más? —

—¿Partirme un cascotazo en la cabeza? —

Después de mucho insistir, estaba a punto de encarar cuando apareció un urso que agarró a la rubia y le dio un chupón.

—¿Te ibas a acercar a la novia del indio? —se asombró Nicolás, el primo de Quico, cuando le contamos

—¿El indio? No tenía cara de comechingón —

—Le dicen el indio porque les arranca los pelos a sus víctimas —

Viendo que la noche venía complicada, nos dedicamos a hacer un poco de turismo. Con Mariano fuimos a hacer trekking, y subimos hasta el cristo redentor, una estatua que estaba en lo alto de una de las sierras.

Desde abajo parecía que estaba cerquita, pero nada que ver, no llegábamos más. Finalmente, después de mucho andar alcanzamos la cima, con tan mala suerte que se llenó de nubes y no se veía nada.

De casualidad pudimos volver, porque era imposible ver los senderos de montaña.

Cuando volvimos a la casa y les contamos lo que habíamos hecho, todos pusieron el grito en el cielo.

—¿Qué pasa? ¿Cuál es el problema? —

—¡En verano el monte se llena de pumas! —

Al principio pensamos que estaban bromeando, pero al ver que nadie se reía, nos dimos cuenta de que aquello no era joda.

Y cuando fuimos al río nos dijeron que tuviéramos cuidado porque más de uno se había ahogado con los remolinos.

¡Catamarca parecía una trampa mortal!

Todo eso sin contar con los problemas domésticos que nos aquejaban: además de dormir en la carpa y de no poder cocinar, la madre de Quico había cortado el agua de la casa —probablemente se había curado de espanto en el pasado— y había que bañarse con el agua del arroyo como si fuéramos cirujas.

El hecho de que los demás chicos de la casa estuvieran en la misma situación que nosotros no nos servia de consuelo.

Por lo menos a esa altura habían aflojado con el tema de que eramos unos porteños garcas, y nos hablamos hecho amigos.

Nosotros le contábamos de Buenos Aires —tenían una extraña fascinación por los shoppings y no podían creer que yo había ido tantas veces al Monumental —, y ellos nos contaban chistes de santiagueños, con los que, vaya a saber porque, los catamarqueños tenían pica.

Después de semejantes disgustos, Mariano decidió que era mejor dormir hasta tarde que andar jugándose el pellejo. Llegábamos de bailar a la madrugada y no se levantaba hasta que se hacía de noche de nuevo, como si fuera un vampiro.

¡ESTÁS IGUAL!

TODAVÍA ES UN MISTERIO para mí como aguantaba el calor dentro de la carpa, un calor que se volvía insoportable cuando pegaba el sol del mediodía. Yo había llevado una docena de turrones del almacén que no se habían vendido en las fiestas, y se alimentaba de los nobles productos navideños.

—¿No querés ir a comer algo, Cheíto? —

—¿Ehh? — respondía sin abrir los ojos, —Yo después como algo de turrón —

La única forma de levantarlo era cuando venía la pizza a la noche, y esto le iba a jugar una mala pasada.

—¿Dónde está Mariano? — preguntó una noche Quico

—Durmiendo, hasta que vengan las pizzas no se levanta —

Quico agarró una careta Freddy Kruger que tenía escondida en la carpa, y apagó las luces con una sonrisa.

—¡Marianito, llegaron las pizzas! —

Como si fuera el canto de una sirena, Mariano salió de la carpa sin sospechar lo que le esperaba. Caminó unos pasos cuando de pronto salió Quico de la oscuridad con la careta de Freddy.

—Ay la puta que lo parió, ¡ay la puta que lo parió! — gritó Mariano mientras iba retrocediendo

La risita de Charly nos deschavó enseguida.

—¡Ah, que hijos de puta que son! —

Como si no hubiésemos hecho suficientes cosas, y como todavía nos quedaba más de una semana por delante, nos compramos un pasaje y nos fuimos a conocer Tucumán.

PERO PARECÍA QUE ESTÁBAMOS cagados por los pájaros, porque primero se pinchó una goma y después a medio camino nos hicieron bajar del micro.

—¿Y ahora qué pasó??—

El chofer se puso a tomar mate mientras se metía el dedo meñique en la oreja.

—Creció el rio y el agua tapó el puente, nos pasa todos los años. Van a tener que cruzar al otro lado usando el puente peatonal y esperar que llegue el próximo micro de Tucumán—

Tres horas tuvimos que esperar, pero al fin llegó el dichoso micro, y una hora más tarde estábamos en Tucumán visitando la famosa casa de la independencia.

—¿Esta es la casa de Tucumán? Me la imaginaba un poco más grande... ¡Uy la puta madre! —

—¿Te sentís bien Rugar? —

Me agarré el estómago con la mano y empecé a buscar un bar con la mirada.

¡ESTÁS IGUAL!

—Me parece que me cayó mal el jugo de naranja del micro, ¡necesito un baño ya! —

Ese día me conocí todos los baños de Tucumán. Y no fui el único en sucumbir a los efectos colaterales del juguito de naranja, en el viaje de vuelta, la diarrea les agarró también a Charly y a Mariano.

Aquello fue suficiente para el urbano Charly.

—Bueno muchachos, hasta acá llegué. Compré el pasaje a Buenos Aires y salgo en una hora —

Y así se fue Charly y nos quedamos con Mariano en Catamarca. Por suerte, a esa altura ya éramos como chanchos con los primos de Charly, y de odiarnos pasaron a tratarnos como si fuéramos hermanos.

—¡No se vayan todavía! Se pueden quedar en nuestra casa—

Y nos quedamos.

Al menos un par de días como para conocer la ciudad, los museos, el dique y las calles de Catamarca y sus extraños nombres, como "Zurita" y "Mota Botello".

Finalmente, nos fuimos. Compramos un pasaje, aunque no volvimos a Buenos Aires, sino que partimos rumbo Rosario a quedarnos de garrón en la casa de los tíos de Mariano.

Pero esa es otra historia.

¿Y qué pasó con nuestros amigos catamarqueños?

A la mayoría le fue bastante bien, pero no a todos. Por desgracia, Quico siguió corriendo picadas, hasta que un día chocó y se fue al cielo a correr. Ahora, en algunas noches de luna, veo pasar a una estrella fugaz y me acuerdo de Quico y de Catamarca.

Sweet home Catamarca

FLOR DE
VACACIONES

No me acuerdo a quien se le ocurrió la idea ni como hicimos para convencer a nuestros viejos, pero en el verano del 90 los pibes del colegio nos fuimos solos de vacaciones a Mar de Ajo. Estábamos todos salvo Charly, que se conocía muy bien y sabía que eso de dormir en una carpa no era lo suyo: Marianito, George, Sergio, Mike, Raffo Magnasco (como la mayonesa), Raele y su malhumor simpático, Huguito y, por supuesto, su servidor. Como éramos tantos llevábamos dos carpas, una que era de dios sabe quién y que cuando llegamos allá descubrimos que le faltaba las estacas, y otra que compré en "Pezcalandia" a último momento.

La carpa no era una cosa del otro mundo, pero era gauchita y se la bancaba bastante bien. El único problema era que con 16-17 años ninguno había armado una carpa y el manual era una fotocopia simple faz con cinco dibujitos y nada más.

Y en esa época no había ni Google ni YouTube.

Para colmo tuvimos que repartir las estacas entre los dos grupos, y cuando terminamos las dos carpas nos habían quedado más chuecas que gaucho recién bajado del caballo. Pero bueno, para bien o para mal esa parte estaba lista y ya teníamos un techo donde dormir.

Era hora de organizar las provisiones y planificar para que duraran diez días. Cada uno había llevado unos mil australes, y con una inflación del 100% anual tampoco era cuestión de arriesgarse al pepe. Mike había tenido la idea de enterrar todo porque según él "la arena era el mejor conservante" y trató de imponer su idea a toda costa. Los demás no estábamos muy convencidos, pero Huguito, que había sido Boy Scout nivel "castor", dijo que era verdad y al final aceptamos seguir la revolucionaria propuesta.

El camping estaba que rebalsaba de gente.

Al parecer todo el mundo había tenido la misma idea que nosotros, y nos empezamos a encontrar con un montón de conocidos. A pocos metros de nuestra carpa estaba Pablo Sedano y Salemi, unos ex compañeros del colegio, con otro flaco más; en la entrada del camping nos cruzamos con Ruth, una maestra del Santa Cruz, y cuando nos volvíamos de pagar el camping lo vimos pasar de lejos a Passalía, un salame de primaria que andaba en tiradores haciéndose el Top Gun.

—Que no se me cruce porque lo cago a palos — dijo Jorge poniendo cara de malo

Nadie le dijo nada, pero del dicho al hecho hay un trecho, y cuando se trataba de Jorge y sus amenazas, el trecho era bastante largo.

Entre una cosa y la otra se nos vino la noche y nos pusimos a hacer una fogata, iluminados por el farol del camping, que estaba a unos dos metros de las carpas. Algo muy conveniente, porque no teníamos sol de noche, ni siquiera una linterna. Sergio cocinó arroz con arvejas, atún y arvejas, y tomamos una naranja Mirinda de esas descartables de dos litros, que tenían una base negra pegadas con Poxiran que se salían al toque. Felices y con la panza llena, esa noche nos dormimos, cansados, pero con la satisfacción del deber cumplido. Todo marchaba sobre ruedas, y no podíamos esperar a que amaneciera para ir a la playa.

Poco sospechábamos que las cosas iban a empezar a complicarse muy pronto.

Al día siguiente comimos galletitas Chocolinas (habíamos llevado una caja grande "Fresh Pack" de cuatro kilos) con leche Santa Brígida en sachet —la más barata de todas — y nos fuimos a la playa.

LA PLAYA ESTABA A FULL, y entramos al mar como una tropilla de caballos salvajes.

—¿Quieren jugar un desafío? — nos preguntó un pibe que estaba jugando al fútbol con unos amigos

Como a ellos les faltaba uno, Huguito se pasó al otro equipo, y empezó el partido. Arrancamos perdiendo, con Jorge en el arco, Raffo, Raele y Sergio abajo, Mariano y yo en el mediocampo, y Mike arriba. De carambola pudimos descontar con un gol de cabeza de Marianito, pero se nos venían como aviones. En cualquier momento nos metían el tercero. Alguien le pasó la pelota a Huguito y de pronto Sergio, lanzando un grito tipo Tarzán, le fue derecho al hueso y lo partió al medio sin asco.

Se escuchó un sonido a "¡crack!, y Huguito cayó como si le hubieran dado un hachazo.

—¡Aaay! ¡Negro, me rompiste el dedo gordo del pie! — se quejó Huguito con lágrimas en los ojos

—¡Dale, no seas maricón! — le respondió Sergio restándole importancia, —con un poco de crema enseguida se te va el dolor —

Sergio no le había quebrado el dedo, pero casi. En la guardia le dieron una crema, un anti inflamatorio y siete días de reposo. Algo que complicaba sobremanera los planes de Huguito.

—¡Yo quiero salir con ustedes! — protestó esa noche cuando nos preparábamos a ir a San Bernardo

—Con ese dedo no podés caminar ni media cuadra nene— le dijo con sabiduría Raele mientras se ponía su remera de Ironmaiden, una camiseta negra que tenía el dibujo de un mutante con una calavera en una bola de cristal, —Quedate acá y no rompas las bolas —

—Caravele tiene razón — le dije mientras me ponía las "Rocky", mis zapatillas de salir

Las Rocky merecen un párrafo aparte.

Las había comprado en un local de la Avenida San Juan que estaba entre la heladería "La isla de Capri" y la estación de servicio YPF de la calle Deán Funes, y la verdad es que me había arrepentido de mi compra apenas llegado a casa. De lejos pintaban bien, y salvo porque tenían una "R" en lugar de una estrella, parecían unas zapatillas "All Star" que acá no se conseguían y a mí me recopaban.

Pero claro, eran industria argentina, y cuando me las quise sacar me quedé con la suela en la mano. El vendedor no dijo ni mú y me dio una caja nueva de inmediato, lo que en esa época era inédito. Por desgracia esta vez tampoco tuve suerte y me volví a quedar con la suela en la mano. De nuevo me dieron otro par sin chistar, y pensé que como decía el refrán la tercera iba a ser la vencida, pero me equivoqué. Esta vez la suela estaba bien cosida, solo había un pequeño problema: los dos pares eran para el pie derecho.

Ya me daba vergüenza volver al local, pero... ¿Qué le iba a hacer?

Yo creí que el vendedor me iba a mandar a freír churros, pero su enojo no se dirigió a mi persona.

—La puta madre, ¡estas zapatillas Rocky son una mierda! —

El caso es que Huguito no se dejó convencer y se vino con nosotros. El camping estaba en la punta sur de Mar de Ajo, y como la joda estaba en San Bernardo, no quedaba otra que tomarse el colectivo "interurbano" que iba desde Mar de Ajo a Santa Teresita. Carito, el interurbano, pero por lo menos vino a tiempo.

¡ESTÁS IGUAL!

Finalmente habíamos llegado a San Bernardo, y lo que vimos nos dejó helados.

Todos, todos, hombres y mujeres, usaban unas zapatillas misteriosas que tenían dibujadas una pipa blanca al costado, y al lado de ese novedoso calzado futurista mis autóctonas Rocky parecían apenas un par de pantuflas. Y no era el único: Mariano tenía unas "Topper", Jorge unas "Flecha", Huguito unas "Nike Feraldi", Raele las "Taisabaki" negras del colegio, y el resto unas Adidas que, después nos enteramos, era considerada una marca "groncha".

—PARA ENTRAR HAY QUE tener "Naik"— nos dijo el patovica cuando llegamos a la puerta del boliche

Esa era una nueva, la verdad. Si hasta teníamos el pulovercito obligatorio sobre los hombros y todo.

—No hay problema — le respondió Huguito, —mis zapatillas son Nike —

El patovica le miró las patas y, con una sonrisa burlona le preguntó:

—¿Ah, en serio? ¿Y dónde te dejaste la pipa? —

Craso error. Fue como si le hubiese tirado un cacho de carne a los tiburones, la dejó picando y Raele no perdonó.

—En tu culo la dejó, pelotudo —

Después de eso tuvimos que dejar la fila o el gorila nos mataba.

—Está bien, plan B— propuse intentando poner orden, —nos dividimos y cada uno agarra una mina en la fila para entrar camuflados—

Comenzamos a hablar con unas chicas que eran fanáticas de Depeche Mode.

—Qué buena onda — les dije, —a mí también me copa el "new beat"—

Y entonces Huguito hizo una pregunta espanta minas.

—¿Qué es el "ñu bit"? —

Por suerte las chicas se lo tomaron a bien y se quedaron con nosotros hasta que llegamos de nuevo hasta el comienzo de la fila.

Pero fue inútil, el gorilón se había quedado con la sangre en el ojo y nos tenía recontra fichados. No hubo caso, y después que nos bochara uno a uno, terminamos en el Sacoa de la calle Chiozza jugando a los fichines.

Con el alma por el piso y los bolsillos vacíos de haber jugado tres horas al "Double Dragon" empezamos a caminar de vuelta a Mar de Ajo.

—Chicos, ¿no podemos esperar al colectivo? — preguntó Huguito, que ya estaba acusando recibo por el accidente de la mañana

—¡No rompas las bolas! — le respondió Mariano, que se había quedado embroncado con el tema de las "Naik", —vamos caminando y cuando venga el colectivo lo paramos —

Pero el dichoso colectivo no venía, las cuadras pasaban y las quejas de Huguito iban en aumento, hasta que en un momento llegó y casi se cae desmayado en el asiento.

Cuando por fin llegamos a la carpa y se sacó la zapatilla, lo que vimos nos dejó con la boca abierta: el dedo gordo de Huguito parecía una berenjena, así de grande y negro estaba.

Al día siguiente Huguito se volvía a Buenos Aires en el primer Chevallier.

¡ESTÁS IGUAL!

Para colmo, el tiempo empezó a conspirar en contra nuestra. Al principio fue una garúa, una lluvia finita que nos taladraba la cabeza de a poco y no nos dejaba salir de la carpa. Durante dos días estuvimos encerrados jugando al truco mientras la lluvia se iba haciendo más y más gruesa.

Entonces el tercer día se largó con todo, y el cielo se vino abajo.

El viento empezó a mover las carpas de un lado para el otro, y cuando nos dimos cuenta el agua empezó a entrar a borbotones como si hubiese brotado un rio en medio del camping. Salimos todos tratando de salvar lo que podíamos: una muda de ropa, la plata y los documentos. El único que seguía durmiendo era Jorge, que roncaba con tanta fuerza que sus gruñidos se escuchaban por encima de los truenos y la lluvia, con las patas que le sobresalían por afuera de la carpa.

—¡Dale vieja, despertate que se inunda todo! — le gritó Mike

Salimos disparados a las duchas, el único lugar del camping donde había un techo bajo el que refugiarse de la tormenta. Lo malo fue que la mitad del camping había tenido la misma idea, el lugar estaba lleno, y parecía un campo de refugiados. Estábamos pasados por agua, con el frío que nos calaba hasta los huesos y agotados, pero sin un lugar donde poder descansar y dormir, aunque fuera una hora.

Fue una noche eterna.

Jorge no aguantó más y se tiró a dormir en una ducha tapándose con la cortina, y como las zapatillas se le habían auto destruido, le tuve que prestar mis Rocky. Cuando amaneció, todavía seguía nublado pero la lluvia había parado y la arena había absorbido el agua de la inundación. La tormenta había sido terrible, había pajaritos muertos y nuestras carpas estaban desarmadas y llenas de agua.

—¡Esto no nos pasa más! — les prometí a los chicos mientras sacaba el agua de la carpa

Y cumplí.

Con una pala prestada cavé una zanja que me llegaba hasta la cintura, aunque nunca más volvió a llover, así que no la pudimos probar, pero bueno, ese es otro tema.

La lluvia no solo había matado a los pajaritos, había echado a perder nuestras provisiones: las galletitas estaban hechas puré, las cajas de cartón habían quedado deshechas y, por algún motivo desconocido no podíamos encontrar lo que hablamos enterrado en la arena. Quizás se lo había llevado la inundación, quizás las ratas se habían comido todo, o quizás simplemente no nos acordábamos donde lo habíamos sepultado todo, el caso es que las cosas habían desaparecido y teníamos que comprar todo de nuevo.

Entonces vino la catástrofe.

Carlitos, que hacía poco había llegado a ser presidente, se mandó una devaluación del 80% y de pronto nuestros castigados australes no alcanzaban para comprar otra cosa más que polenta. Con eso y con unas latas de puré de tomates "Salsati" —lo único que habíamos logrado desenterrar — tiramos un par de días. La cosa es que comer ese engrudo no era fácil, y aunque Sergio, que era nuestro cocinero oficial, se esforzaba por hacer algo digestible, el resultado no era más que una pastachuta incomible.

—¡Negro, cada día te sale peor! — le reclamó Mike

¡Para qué le dijo eso!

Sergio no se ofendió solo con Mike, sino con todos, y no nos habló más. Agarró una caña vieja que había traído de Buenos Aires y se fue para la playa. Volvió a las tres horas con una corvina y se puso a cocinar mientras al resto se nos caía la baba del hambre. Raffo no aguantó más y se devoró una lata de tomate de un saque.

Se iba a arrepentir mal de haber hecho eso.

Estábamos durmiendo cuando se escuchó un resonar de tripas que nos despertó a todos. Al principio pensamos que se trataba de la tormenta que había regresado, y que lo que estábamos escuchando eran los primeros truenos. Pero luego Raffo se levantó como si le hubieran puesto un palo en el traste, y comenzó a tirar del cierre de la carpa que se había trabado y no se quería dejar abrir.

—¡Pará animal, que lo vas a romper! — le grité desesperado

Pero ya era muy tarde. En su urgencia por salir, Raffo rompió el cierre y salió disparado hacia el baño. Se quedó ahí las próximas 24 horas, y si no hubiese sido por mis pastillas de carbón el pobre hombre se habría quedado a vivir en el inodoro.

—¡Me muero, me muero! — se quejaba con lágrimas de dolor atravesándole el rostro

—Jodete, ¿quién te mandó a comerte una lata de Salsati vos solo??— le dijo Sergio —que en el fondo se sentía culpable — mientras trataba de cerrar la carpa usando unos anzuelos

Es que había hambre en el grupo.

Y no éramos los únicos. Sedano y Salemi levantaron campamento y muchos más en el camping los imitaron y adelantaron el regreso. Los que se quedaron tuvieron que hacer ajustes y cambiar la dieta como habíamos hecho nosotros con la polenta. Por ejemplo, una parejita de hippies se la pasaba comiendo almejas que sacaban de la arena rompiéndose las uñas.

También cada vez se hacía más difícil salir de joda. Comprar el boleto del interurbano ya no era una opción, y había que hacer las treinta cuadras a pata, así que al final solo éramos tres los que hacíamos el recorrido todas las noches: Raele con su remera del mutante, Mariano, y yo, que ahora ya no tenía las Rocky.

—Che Caravele, ¿no tendrías que lavar la remera? — le sugirió Mariano

—¿Por qué? Está perfecta, ¿vos le ves algo? — le respondió Raele sorprendido

—Sí, lo único malo es que ya camina sola —

Encima con la falta de morfi todo nos quedaba enorme, estábamos tan chupados que dábamos lástima, y con el sol que nos pegaba sin asco todo el día parecíamos Palito Ortega recién llegado de Tucumán.

—¡TENGO HAMBRE, ME VOY A MORIR! — empezó a gritar Mike como si con eso Dios hiciera llover hamburguesas a pedido

Dios no respondió, pero nuestros vecinos de carpa se apiadaron y nos empezaron a regalar lo que les sobraba: aceite, pan, leche en polvo. Quizás si nos hubiésemos organizado aquellas provisiones podrían habernos rendido, pero la desesperación era tan grande que se comían el polvo de la leche, así como venía.

Mariano y yo estábamos a punto de tirar la toalla cuando el sol iluminó una rotisería mientras íbamos caminando por las calles de Mar de Ajo y decidimos entrar a chusmear a ver qué onda. Era un milagro: tenían los precios de antes de la devaluación, y la oferta del día la comida más exquisita que había probado en mi vida: unas bombas de papa gigantes y llenas de necesitadas calorías.

Esas bombas de papa nos salvaron la vida.

Claro que nuestro gusto por las bombas de papa era más bien producto del hambre que de la calidad del artículo en cuestión, aunque recién nos dimos cuenta de eso un año después, cuando volvimos a la rotisería y no pudimos terminar ni siquiera media bomba de papa. Así y todo, en ese momento estábamos chochos de alegría.

—¡Bombas de papa! ¡Bombas de papa! — era nuestro himno diario

Con la ayuda salvadora de las bombas de papa y los suministros que recibíamos gracias a la caridad de nuestros vecinos llegamos al final de nuestra estadía en la costa.

Un año después, cuando estábamos en la casa de Jorge, vino con las Rocky que, contra todo pronóstico, todavía resistían intactas.

—¡Ja, ja ja! ¡Esas son las Rocky de Rubén! — dijo Marianito con una carcajada

Jorge se hizo el distraído y respondió:

—¡Ah, cierto! ¡Me había olvidado! —

—Tranquilo — le dije —ahora tengo unas Nike. Además, nadie puede discutir lo que todos sabemos, ¿No? —

—¿Qué es eso? — preguntó Jorge

¡ESTÁS IGUAL!

Hice una pausa haciéndome el misterioso, y finalmente respondí:
—¡Que fueron flor de vacaciones! —

RUBEN GARCIA

COSTUMBRES ARGENTINAS

*Tengo en la mano una carta
para jugar el juego cuando quieras.*

SE ME CHISPOTEÓ!

"El pez por la boca muere". "En boca cerrada no entran moscas". "El sabio sabe callar, el tonto habla y causa problemas".

Estos refranes deben ser de los más útiles y de los menos aplicados. ¿Por qué será tan difícil cerrar el pico? ¡La cantidad de problemas que nos ahorraríamos!

Pero no. Es imposible llamarse a silencio, y todos, absolutamente todos, nos fuimos de lengua en algún momento de nuestras vidas y terminamos metiendo la pata. Es lo que yo llamo el "síndrome del chavo del 8", un mal endémico que parece no tener cura.

Y cada vez está peor la cosa. Al menos antes uno decía una pavada y al tiempo el ofendido se olvidaba, porque al fin y al cabo "a las palabras se las lleva el viento", pero hoy en día todo queda en las redes, en WhatsApp y no sé en cuantas partes más.

¡Pero a no torturarse! Somos humanos y ninguno de nosotros está libre de culpa, y hablo por experiencia propia.

La primera metida de pata fue a los siete años, en una reunión familiar en la casa de un primo de mi viejo en Caballito. El hombre cumplía años y había invitado a una vecina solterona insoportable que, por algún motivo misterioso, se la pasaba criticando cada movimiento que hacía yo.

—¡Ay, qué nene tan inquieto! —

—¡Va a terminar rompiendo algo! —

—¡Alguien debería ponerle un freno! —

La señora estaba obsesionada conmigo, pero en esa época el respeto a los mayores era algo sagrado, y me aguanté cada comentario como un señorito inglés. Hasta que llegó el momento de comer la torta. Sin prestar atención a la etiqueta, agarré una porción de la chocotorta sin esperar a que se sirvieran los demás.

—¡Ah, pero es un maleducado! — se quejó la señora

Aquello fue la gota que rebalsó el vaso. Sin poder contenerme, le grité frente a todos:

—¡Y usted es la bruja del 71! —

Se quedaron todos mudos, y la señora se puso roja como un tomate.

A mis viejos les cortó convencerme que me disculpara, pero al final prevaleció la psicología paterna.

—¡O le pedís perdón o te reviento! —

Obviamente, esa no fue la última vez que la lengua me metió en problemas.

Un año después, un día antes de ir al cine a ver la última película de los Parchís, no se me ocurrió mejor idea que meterme en la conversación entre mi vieja y su amiga Alicia.

—La inflación no da tregua— dijo mi vieja

—Sí, ya no se puede comprar nada — le respondió Alicia

Y ahí fue cuando cometí el error fatal de abrir mi bocota.

—¡Mi mamá compra la ropa en cuotas! —

¿Por qué? ¿Para qué? ¿Con que necesidad?

No solo me quedé sin ir al cine, también me cortaron el suministro de los "Chasquibum" en pleno mes de diciembre, una completa catástrofe, y todo por dos segundos de indiscreción.

Claro que yo no era el único imprudente.

En el colegio un claro candidato a compartir el podio era mi amigo Sergio, que tenía una preocupante propensión al pifie. Hubo varios episodios, pero el más memorable de todos fue probablemente el que tuvo lugar con la profesora de Física. La chica no era la más bella de todas —de hecho, hasta tenía una sombra de bigote—, pero en pleno invierno lucía una sugerente minifalda que revolucionaba nuestras de por sí exaltadas hormonas.

Y un día pasó lo que tenía que pasar. Había terminado recién la clase de la sensual señorita, y estábamos en el recreo bajando las escaleras en dirección al comedor cuando Sergio me dijo con mirada cómplice:

—¡Que gambas que tiene la de Física! —

Y sí. La profesora estaba bajando las escaleras frente nuestro, y escuchó con prístina claridad el halagador comentario de su alumno. A Sergio le bajó la presión y se le fue el color del rostro, estaba blanco como el fantasma Gasparín pensando sin dudas las amonestaciones que se iba a tener que morfar.

Pero para nuestra sorpresa, la profesora se limitó a sonreír, y dando media vuelta siguió su camino como si nada.

La cosa quedó ahí, pero ese día a Sergio las hamburguesas de Martín —el portero del colegio y cocinero a tiempo parcial— se le quedaron atragantadas.

Pasaron los años, y uno hubiese pensado que con la edad viene la sabiduría, pero al parecer esto no es del todo cierto.

Teníamos unos diecinueve años y habíamos salido a un pub en Palermo viejo, un lugar donde pasaban música a todo volumen y para hablar había que gritar porque si no era imposible escucharse. Éramos los de siempre, Mariano, su hermano Ezequiel, Fernando y yo, pero ese día se nos había sumado Federico, un compañero mío de la facultad.

Era una noche fría de invierno, y Federico había ido con una campera de cuero marrón, unos zapatos de gamuza y una bufanda blanca petitera. Y por alguna razón desconocida para mí —porque era el tipo más pacífico del mundo — había llevado una de esas navajas que se abrían tipo pandillero.

—Es para protección personal — me había explicado poniendo cara de malo

La cosa prometía: habíamos conseguido una mesa al lado de la pista, nos habían servido una botellita de Quilmes a cada uno y ya habíamos fichado a unas chicas que nos sonreían en forma invitadora. Pero entonces la diversión se vio interrumpida de repente cuando cayó la policía y se puso a interrogar a la gente buscando Dios sabe qué. Las chicas que teníamos en la mira decidieron irse del local y Ezequiel gritó molesto al amparo cómplice de la fuerte música que garantizaba el anonimato:

—¡QUE BAILEN LOS BOTONES! —

Tuvimos tan mala suerte que en ese mismo momento se cortó la música y la protesta de Ezequiel se escuchó como el eco de una montaña. Los policías dejaron lo que estaban haciendo y vinieron derechito a nuestra mesa.

—¿Así que tenemos a un grupo de chistosos acá? — preguntó el oficial a cargo, un veterano de bigotes entradito en kilos

Los cinco miramos al piso y nos quedamos calladitos.

—Por ahí fueron las cervecitas— dijo el mostachudo alzando uno de los porroncitos, —¿Cuántas van, muchachos? —

—¡Esta es la primera! — respondió Federico cayendo en la trampa

—¿Así que encima son cocoritos?, ¡todos afuera! —

Nos llevaron a los cinco a la vereda y nos pusieron de cara a la pared, lo que volvió loco a Federico, que empezó a recitar artículos de la Constitución Argentina, influenciado sin dudas por la materia de Derecho Constitucional que estábamos cursando en la facultad. Eso fue demasiado para el policía:

—¡Vamos pibe, a la comisaria! —

Y sin decir más lo metieron en el camión celular y se lo llevaron con su campera de cuero, sus zapatos de gamuza, su bufanda petitera y la dichosa navaja que escondía detrás del pantalón.

Volvió dos horas más tarde, caliente como una pava y con ganas de matar a Ezequiel.

—¿Y qué hiciste con la navaja? — le preguntamos

—La dejé en el piso del camión. ¡Me salvé de casualidad! —

—Eso te pasa por hablar de más — le tiró entonces el caradura de Ezequiel

A Federico se le hincharon esos cachetes de Quico que tenía y se le tiró encima; se lo tuvimos que sacar de las manos porque si no lo acogotaba ahí mismo.

Sin dudas, las consecuencias de abrir la boca pueden ser terribles. Por eso, antes de hablar o escribir algo en WhatsApp, piénsenlo dos veces.

No vaya a ser que se les chispotee una indiscreción.

¡33 SON MEJORES!

En los ochenta, los juegos de mesa eran una cosa sería.

En un mundo analógico, donde no existía el cable y la televisión tenía solo cuatro canales —porque el "2" era de La Plata y no se veía casi nunca—, una época en la que no había teléfonos celulares para entretenerse las veinticuatro horas al día —yo ni siquiera tenía teléfono fijo porque "ENTEL" tardaba años en instalarte la línea—, donde para escuchar la canción que te gustaba había que comprar el disco entero o grabártela de la radio, los juegos de mesa eran la principal fuente de entretenimiento grupal en las tardes de invierno, o en las noches de verano.

El primer juego me lo regaló mi tía Celia cuando cumplí cinco años, un juego de ruleta que venía con unas fichas de plástico multicolores, un tapete de papel con los números del uno al treinta y seis, y por supuesto la ruleta y una pelotita blanca que era lo primero que se perdía.

Con ese primer juego pasé fines de semana enteros dándole a la pelotita frente al televisor Zenith blanco y negro en el departamento de Chacarita, mientras veía de reojo los dibujitos del correcaminos y Súper Hijitus, el "Show de Carlitos Balá", al Pato Carré, al Capitán Piluso y Coquito, a Carozo y Narizota con el profesor Gabinete, al Zorro, Batman y a Telematch, un programa alemán de competencias que se filmaba cada sábado en un pueblo diferente de lo que en ese momento era Alemania del Oeste.

Gracias a ese programa aprendí a contar en alemán antes que en español; todavía tengo en la cabeza la voz del relator teutón contando los puntos de cada equipo a todo pulmón y rapidísimo:

—¡AINS-ESVAI-DRAI-FIER-FENF-SEX-SIVEN-AJT-NOIN-ZEN-ELF!—

EN ESOS PRIMEROS AÑOS, mi compañera de juegos era mi abuela María, una gallega pura polenta y buena onda que usaba unos enormes pañuelos españoles sobre los hombros y que tenía siempre una sonrisa en la boca y un refrán para cada situación.

—¡Como te veo te trato, maragato! — me solía decir mientras me limpiaba los restos de helado de la cara con el pulgar humedecido con saliva

Ni mi abuela ni yo habíamos aprendido a leer, pero ella "se sabía los números", así que la ruleta era algo a lo que podíamos jugar con reglas más o menos inventadas, donde casi siempre me decía que había ganado para dejarme contento. Claro que yo me daba cuenta porque la abuela no era una buena mentirosa, y cuando finalmente aprendí a contar, el juego perdió un poco su encanto original.

¡ESTÁS IGUAL!

Con los años, fui incorporando nuevos juegos, modestos pero cumplidores. La abuela me enseñó a jugar a la brisca con un mazo de cartas españolas, y poco después el tío Dionisio me enseñó las reglas de la escoba de quince, aunque jugar con él era frustrante porque contaba las cartas y ganaba siempre. Durante todas esas noches en Mar del Plata, le habré ganado apenas dos o tres veces. Con mis primas aprendí a jugar a la Generala, y con mi amigo Horacio al Dominó y a las Damas, y hasta me compré un tablero que usé dos veces como mucho.

Pero lo mejor estaba por venir.

Cuando nos mudamos a San Cristóbal y me hice amigo de los chicos de la cuadra, se me abrió un mundo nuevo. Nos juntábamos en la casa de Diego Batista, con los hermanos Pogliano y con Chicho, y pasábamos tardes enteras despuntando el vicio.

Diego tenía toda clase de juegos, y no había uno solo que no probáramos. En general, cuando nos enganchábamos con un juego en particular le dábamos sin parar, y hacíamos maratones que podían durar varios días.

Y es que esas actividades lúdicas podían ser tecnológicamente poco sofisticadas, pero no por eso dejaban de ser muy pero muy adictivas.

Uno de mis claros favoritos era "El Estanciero", esa copia criolla del "Monopoly", aunque en esa época no teníamos idea de que aquella era una de las primeras copias piratas en la historia de la humanidad, y que los fabricantes de "Lugano Toys" eran unos auténticos precursores. Lo que me gustaba del estanciero era que te hacía sentir un oligarca, sobre todo si tenías suerte con los dados y comprabas la provincia de Buenos Aires. Otra ventaja del estanciero era que yo hacía también del Banco, y aún si me fundía y perdía todo, podía seguir jugando hasta el final.

El "Scrabble" también zafaba, pero eso de andar armando palabras y luego chequearlas diccionario en mano tenía un tufito a clase de lengua. Pero claro, sin el diccionario te podían intentar meter el curro con palabras como "supercalifragilisticoespialidoso".

—La palabra existe — porfiaba Fernando

—Ah, ¿sí? ¿Y qué quiere decir? — le pregunté yo

—Ni idea, pero es el nombre de la canción de Mary Poppins—

—Lo único que importa es que no está en el diccionario —

La verdad es que Fernando tenía razón, porque el diccionario era del siglo XIX, y hoy en día con internet, la discusión se hubiera zanjado en cinco segundos. Pero si le hubiera dado el brazo a torcer, se llevaba como mil puntos con esa palabra y nos liquidaba a todos.

El "juego de la vida" también estaba bueno, pero era más para las chicas, y me acuerdo que Claudia y Marisa, las hermanas de Diego y Chicho eran las más fans. A los varones nos gustaba más el "T.E.G.", un juego de estrategia donde todo el mundo se terminaba haciendo la guerra entre sí. Lo más loco del T.E.G. es que durante años nos hizo creer que Kamchatka y Tamyr eran países reales, y nos mostró que hasta la geografía podía dejar de ser un plomo insoportable.

A medida que pasaban los años, la tecnología se empezó a mezclar de a poco con los tableros de córtenlos dados, las tarjetas y las fichas de plástico.

Primero fue el "Atari", toda una revolución: para nosotros enchufar esa caja negra al televisor y que aparecieran unos cuadrados en la pantalla simulando ser jugadores de fútbol o naves espaciales que podíamos manejar con un joystick, era poco menos que milagroso. Después vino el Colecovision y, cuando parecía que no podía haber nada mejor, aparecieron las computadoras: la Texas Instruments 99, la Spectrum y, por supuesto, la reina de los 8 bits, la Commodore 64 y su sucesora la 128.

IMPOSIBLE CALCULAR las horas invertidas jugando al "International Soccer" en la casa de los Pogliano, al "Barbarian" en lo de Charly, al "Montezuma´s revenge" en lo de Mariano y cientos de títulos más.

Pero hubo un juego de mesa que se resistía a verse avasallado por los embates de la revolución digital: el Truco.

Más argentino que el dulce de leche, el Truco era y sigue siendo el juego nacional por excelencia, y enseñaba las finas artes de la picardía criolla, tan esencial a nuestra identidad como perjudicial para la política del país. "Picardía", el tahúr del Martín Fierro, resumía las reglas del Truco en seis estrofas:

En el Truco, al más pintao,
Solía ponerlo en apuro
Cuando aventajar procuro,
Sé tener, como fajadas,
Tiro a tiro al as de espadas,
O flor, o envite seguro.

El truco se nos fue metiendo en el cuerpo de a poquito, casi sin darnos cuenta. Al principio éramos testigos casuales de aquel pasatiempo con el que los viejos viciaban entre mate y mate, intercambiándose porotos en forma misteriosa junto a las carpas de los atardeceres marplatenses.

Pero de un día para el otro, aparecieron mazos de cartas en el colegio y todo el mundo empezó a jugar al Truco: en el recreo, en los actos y hasta en las mismas clases. En los recreos juntábamos las mesas y jugábamos de a seis, con "Flor" y con "Pica-pica", como corresponde. Pero los recreos de diez minutos no alcanzaban siquiera para acabar las "chicas", les primeros quince puntos, así que la cosa seguía en medio de las clases, con las cartas debajo del pupitre y haciendo todo tipo de señas y onomatopeyas tratando de que los profesores no se dieran cuenta.

Todas estas artimañas, sumado a las interminables horas de juego, tenían como resultado que no hubiese naipe que aguantara. Las cartas estaban tan usadas que no había una sola que no estuviera marcada, y había que hacer milagros para que el resto no se avivara de que carta tenía.

Cuando al fin terminamos la secundaria, no solo nos hablamos recibido de bachilleres mercantiles, nos hablamos graduado también de jugadores de truco, y con honores.

Con todo ese historial a cuestas, era lógico que, ya de grande, intentara inculcarle a mi hija la pasión por los juegos de mesa: le compré el "¿Quién es quién?", el "Monopoly", el "Preso", una mesa de mini-pool, y una decena más de juegos, pero sin suerte. Las tabletas primero, y los celulares después, habían llegado para quedarse. Ahora todos están como hipnotizados con las pantallitas, con los celulares pegados a la mano como si fuesen una extensión de sus cuerpos.

Así y todo, hace poco estaba en un café y escuché a alguien jugar al truco y me di vuelta, ilusionado. Pero solo encontré decepción, porque, aunque parezca increíble, era un flaco jugando al truco en una aplicación del celular. Indignado, pagué la cuenta y me levanté de la mesa. Pero en una ironía de la vida, y como si la aplicación se hubiese dado cuenta de mi disgusto, mientras atravesaba la puerta resonó en el aire una voz robótica que decía:

—¡33 son mejores! —

EL TIO DIONISIO

El verano para mí no era verano si no iba a la casa de mi tío Dionisio en Mar del Plata. De un metro ochenta, ojos celestes, bigote rubio y cabellos entrecanos, tenía más aspecto de vikingo que gallego. Sin duda su ascendencia se remontaba a los celtas que volvían locos a los romanos, y que los forzaron a construir la gran muralla para contenerlos en sus escarpadas y salvajes montañas. Fue durante esas tardes de mate, galletas marineras, de tostados y leche con chocolate Toddy, durante esos madrugones de cinco de la mañana de pesca, y durante esos viajes eternos en tren desde Constitución a Mardel (¡el carretón paraba en todas las estaciones y tardaba 12 horas en llegar!), comiendo seis sanguchazos de jamón, queso cuartirolo y pan casero mientras se descostillaba de risa con mis chistes pavos, que mi querido tío me relato sus increíbles aventuras.

Y yo escuchaba sus historias, embelesado, imaginándolo joven, con tremenda facha, salvando al mundo, desafiando a los malvados, impartiendo justicia sin recurrir a la violencia, haciendo el bien, ayudando a todo el mundo a construir su futuro, viviendo bajo sus propios términos.

Dueño de una sabiduría autodidacta, era rapidísimo con los números y amaba la lectura, en especial la historia, pero en ninguna de sus casas tenia libros: como nunca estaba en ellas prefería leer los libros de los demás. Lo recuerdo sentado en mi cocina leyendo mi colección de la segunda guerra mundial. Pero compraba el Diario cada día puntualmente en sus recorridos matutinos, La Capital en Mar del

Plata y Crónica en Buenos Aires. Recorridos matutinos que arrancaban bien temprano, a las 6 de la mañana, pero que nunca se sabía cuándo terminaban, porque Don Pérez, como lo llamaban todos los vecinos, se detenía siempre en la casa de algún vecino a charlar y tomar mate. Cosa que enfurecía a la tía Mary, que esperaba en vano que llegara con el pan.

Su corazón era enorme y su alma pura, pero, humano al fin, tenía también su lado oscuro. Era terriblemente celoso. Cuando mi tía trabajaba en un hotel del centro porteño llegó a ponerle un detective privado para seguirla e investigar si le estaba siendo infiel. La pobre tía no podía pintarse los labios, maquillarse o vestir a la moda porque ``Dio`` se entrompaba y le hacía unas rabietas como si fuera un chico de 10 años. Lo único bueno es que se le pasaba rápido: bastaban unas caricias en el pelo y unas cosquillas para que el furioso león se transformara en manso gatito.

Lo cierto sin duda alguna es que sus virtudes superaban con creces sus defectos, y lo demostraba día a día con sus acciones. Como esa vez que cambiaron el recorrido del 511 porque estaban arreglando la avenida Luro, y todos los colectivos comenzaron a pasar por San Martin, justo frente a su chalet. Para cuando todo volvió a la normalidad y los rugientes paquidermos metálicos dejaron de pasar, quedó en la calle un bache del tamaño de un cráter lunar. Después de llamar en vano a la municipalidad durante varios días para que lo vinieran a arreglar, Don Pérez decidió tomar el toro por las astas: fue hasta el corralón del tano de Luro y Venezuela, compró los materiales y él solito rellenó el agujero para que a ningún auto más se le rompiera el tren delantero.

Cabe decir que mi tío Dionisio no tenía auto.

Todavía me acuerdo que los vecinos le tocaban el timbre para agradecerle y le traían higos, uvas, frutas, bizcochuelos y no sé cuántas cosas más de regalo. Invariablemente los hacía pasar a todos para tomar mate en la cocina donde se pasaban horas hablando de bueyes perdidos. Parecía una versión aggiornada de la película ``El Padrino``, donde en lugar de un maléfico Don Corleone estaba el bonachón Don Pérez. Y cuando se iban mi tío les daba una bolsa con productos de su quinta.

¡Se volvían a la casa con más cosas que las que le traían!

Esta es la historia de Don Pérez, de mi tío Dionisio. Pastor, agricultor, recluta, guardavidas, boxeador, obrero, panadero, almacenero, maestro mayor de obras y arquitecto sin título, no es fácil definirlo sin conocer su historia. Historia que merece ser relatada. Porque el único título que le faltó fue el de padre. No, mi querido tío no tuvo hijos, pero eso no le importó. Porque, aunque yo nunca se lo dije, el conocía mi corazón. Y sabia, sin duda sabia.

Sabía que él no tenía hijos, pero que yo tenía dos papás.

RUBEN GARCIA

CONFESIONES

Aunque digan que es muy fácil, es muy duro poder mejorar

LOS RECUERDOS
DEL FLACO
ESCOPETA

Si hay algo de lo que no me puedo quejar de mi infancia es de las vacaciones: no es que fuéramos ricos ni mucho menos, eso de ir a Miami o Cancún no existía ni se nos ocurría siquiera. No señor, las opciones eran dos: la costa argentina y las sierras, en ese orden. Sin embargo, pese a la cantidad reducida de opciones yo hacía triplete: enero a Mar de Ajó con mi tía Celia, febrero con mis viejos y marzo en la casa de mi tío Dionisio en Mar del Plata. Y sin duda la pasaba bien en todas, y terminar el verano con mi querido e inigualable tío Dionisio no tenía precio.

Pero tengo que reconocer que las vacaciones con mi tía Celia tenían un gustito especial, primero porque era el estreno del verano, y segundo porque mi tía era muy jodona y me hacía matar de risa. Aquel verano de 1983 no era diferente, y como siempre mi tío Juan empacó todo en el Ford Falcon la noche anterior y a las 5 de la mañana en punto, con el sol asomando por el monumental, salimos del Bajo Belgrano rumbo a la ruta once. Cinco horas después, con parada en Atalaya para comer las medialunas incluida, entrabamos en la rotonda de Mar de Ajó.

A pesar de que todos los años alquilaba en Trácate, un complejo de departamentos a una cuadra de la playa, el tío Juan se negaba a hacer una reserva: llegaba y con el efectivo en la mano se ponía a negociar el precio, y siempre había algún departamento vacío. Pero ese verano la gente necesitaba distraerse, como si la guerra se hubiera pegado a la piel y no los dejara respirar, y solo el oxígeno del mar y las sierras pudiera ayudarlos, así que cuando llegamos estaba todo ocupado. Después de patear todo Mar de Ajó, conseguimos un chalet justo en el límite con San Bernardo, a una cuadra de Chiozza. Al tío no le gustó mucho tener que pagar más de lo que tenía planeado, pero no le quedó otra.

Los demás, chochos.

La rutina era más o menos la misma: a la mañana temprano enfilábamos para la playa, volvíamos a almorzar y después de la siesta de nuevo a la playa hasta que se ponía el sol. El hermano de mi tío Juan había ido con la familia y a veces venían a cenar, pero no todos los días porque los hijos eran más bien de complexión física, digamos robusta, y los tipos arrasaban con todo, había que apurarse a comer porque cuando te dabas cuenta ya no quedaba nada.

El más grande de los dos tenía 19 años, más o menos la misma edad que mis primas, y había zafado de la colimba por ser chicato –usaba unos anteojos culo botella que le hacían los ojos chiquitos – así que fue uno de los pocos afortunados en no ir a Malvinas de su generación. Pero sus compañeros no habían tenido la misma suerte. Claro, de eso no se hablaba, era como si la guerra nunca hubiera ocurrido, el dolor era demasiado grande y la herida muy reciente para tocar el tema.

Un día el gordo trajo un amigo del colegio que había estado en la guerra, un chico muy delgado y con los rasgos muy marcados, como si tuviera el rostro de un adulto implantado en el cuerpo de un joven. Pero además había algo que era diferente de los demás, un estado constante de alerta, como si algo malo estuviera a punto de suceder en cualquier momento. Me acuerdo que estábamos tranquilos hablando en la mesa de la cocina cuando pasó por la calle uno de esos autos destartalados que todavía hoy en día se pueden ver en la costa, con el caño de escape roto y haciendo ruido como si fuera una ametralladora. Sin que él se diera cuenta siquiera, la pierna derecha del pibe se disparó y empezó a zapatear como si estuviera bailando un malambo.

A partir de entonces le quedo el apodo del "flaco escopeta".

¡ESTÁS IGUAL!

Obvio, fue una invención de mi tía Celia, que era rapidísima para los mandados, y claro, hoy a la distancia podemos decir que el apodo era un tanto cruel, pero hay que situarse en contexto, en una época en que no se veían discapacitados en las calles, en que a los "loquitos "se los encerraba en el fondo de la casa y en que cualquier enfermedad era vista como un signo de debilidad que había que ocultar. Al lado de eso el humor simple de mi tía era una pavada.

Tengo que confesar que cuando me contaron que el flaco escopeta había peleado en la guerra me vi tentado con mis juveniles 10 años de preguntarle si había matado a algún inglés, pero por suerte prevaleció la cautela y me mordí la lengua.

El flaco escopeta no pareció enterarse de mi curiosidad y siguió su vida como si nada, pero la verdad es que él estaba en su propio mundo y no parecía darle mucha bola a nadie. Cuando íbamos a la playa, todos nos metíamos al mar y él se quedaba incinerándose en las dunas. Si no conocen Mar de Ajó, tienen que saber que para llegar al mar primero hay que atravesar unas dunas dignas del desierto sahariano, con la arena que se te mete en las ojotas por más malabares que hagas, y que te quema hasta el alma, luego viene la playa propiamente dicha, pero la arena seca del primer trecho está aún más caliente que la de los médanos. Recién entonces uno pisa la arena húmeda y encuentra al fin el refrescante alivio para los castigados pies. ¡No hay nada como meter las patas en el mar después de esa tortura! La única que se bancaba de forma estoica la arena caliente era la tía Celia, que decía que el calor era bueno para el reuma.

Ella y el flaco escopeta.

No solo parecía inmune a los rayos abrasadores del sol, que se refractaban implacables en aquellas mini montañas de amarillo silicio, sino que por el contrario se ufanaba en silencio de disfrutar del solitario infierno, sentado en una toallita y sin otra protección que las chuzas mal cortadas que le daban un aire al profesor Lokovich de los autos locos.

Yo, que nunca había abandonado la idea de averiguar a cuantos ingleses había matado, empecé a merodear los médanos en busca de alguna excusa para entablar conversación.

—Querés un vaso de coca? — le pregunté acercándome con uno de esos termos naranja de tres litros que se usaban en los ochentas

—No, gracias, estoy bien—, me respondió un tanto molesto por mi intromisión

Haciendo caso omiso de la indirecta, me senté al lado del flaco escopeta. Recién entonces me di cuenta de que tenía los pies negros, como si se hubiera quemado

—¡A la flauta! ¿Qué te pasó en las patas? — le pregunté con autentico aire de preocupación

—Pie de trinchera, me contestó en forma lacónica

—¿Pie de qué?

A esta altura el flaco escopeta se dio cuenta de que no iba a ser tan fácil sacarse de encima a aquel pendejo hincha pelotas, y resignado, decidió que lo mejor iba a ser rendirse y responder al molesto interrogatorio.

—En la guerra tuvimos que cavar un agujero en la tierra para protegernos del fuego enemigo, y se llenaba de agua, así que teníamos siempre los pies húmedos y helados. al final casi no podía caminar, me explicó mientras se agarraba una de las piernas y me mostraba la planta del pie

—¿No podía decirles que tenías que irte? Pregunté viendo el pie chamuscado

—No sé, ni se me ocurrió. Además, ni en pedo abandonaba a mis compañeros

Nos quedamos un rato en silencio, él absorto en sus pensamientos y yo empezando a acusar recibo del calor agobiante que nos rodeaba.

—Che, ¿no te jode el calor?

Muy a su pesar, el flaco escopeta se rio con ganas.

¡ESTÁS IGUAL!

—¡Ja jaa! No, al contrario, después de haber chupado tanto frio no me canso del calor. el sol me energiza y me da fuerzas

—¿Y no podés tomar sol en la playa como todos los demás?

—Acá me siento mucho más cómodo. Todavía no me acostumbré a estar entre tanta gente junta

La charla se estaba encaminando finalmente por el rumbo que quería y aproveché la oportunidad para meter la cuña:

—¿Y cómo era la trinchera?

—La verdad, no muy diferente de estos médanos. La diferencia es que estaba rodeada de rocas y que en lugar del sonido del mar se oía al viento del sur, que se filtraba entre las piedras y parecía silbar

—¡Qué feo!

—En realidad, no era tan terrible. Había una paz que era tranquilizadora, y a la noche las estrellas se veían tan nítidas y brillaban con tanta intensidad que parecían estar al alcance de la mano

—Pero... ¿y dónde estaban los ingleses? —presioné tratando abordar el tema que realmente me interesaba

—Los ingleses...cuando llegaron en los barcos se fue todo a la mierda. Nos bombardeaban todo el tiempo, sin parar, y mientras hablaba la pierna cobró vida propia y empezó a zapatear, -el ruido era infernal y teníamos que gritar para no quedarnos sordos

Dando fin a la conversación, el flaco escopeta se levantó y sacudiéndose la arena de la malla recogió la toallita. Pero antes de irse echó una última mirada al mar y dijo algo que nunca me iba a olvidar:

—¿Sabes algo? Lo que te puedo decir es que esta bueno ver la costa sin esperar que nadie te venga a invadir

Veinticinco años más tarde fuimos de vacaciones a Costa del Este, y no pude resistir la tentación de hacerme una escapada a Mar de Ajó. Trácate no estaba más, pero todo lo demás seguía igual, los localcitos que vendían los barrenadores, el tejo y los juegos de pelota paleta, los chalecitos con paredes de piedra Mar del Plata y, por supuesto, los médanos del flaco escopeta.

—¿Papi, que haces acá solo? —me preguntó Pili, mi hijita cuando me encontró en los montículos de arena

Por un segundo volví a ver la figura desgarbada oteando el horizonte y sonriendo le respondí:

—Recuerdos, Pili. Recuerdos del flaco escopeta

CENIZAS NADA MAS

Lo que voy a contarles es uno de los secretos de familia más avergonzantes que aquejan mi conciencia. De hecho, esta es la primera vez que voy a contar esta historia. Nadie, ni mis amigos, ni mi compañera de vida la conocen. Tal es la vergüenza que me produce, querido lector. Lo único que le pidió por favor es que no me juzgue muy severamente ya que como verá soy responsable directa o indirectamente de esta tragedia sin sentido.

Empecemos por el principio: Tom no fue mi primer perrito.

Corría el verano de 1988, yo tenía 16 años y mis viejos habían comprado una casa vieja y estaba tratando de decidir si la tiraban abajo o la remodelaban. Eventualmente mi tío Dionisio, que era un genio en más de un aspecto, se pasó una noche dibujando y apareció con los planos de una solución que combinaba las dos propuestas: la parte de adelante volaba, construía un local, un garaje y una entrada independiente, un primer piso arriba, y dejaba la parte de atrás como una casa aparte, remodelándola.

Y un día empezó la construcción, y con ella los problemas. El mayor de todos era la constante amenaza de robo de materiales, una mafia que hasta entonces nos era desconocida. Casi al mismo tiempo, una clienta les ofreció a mis viejos una perrita marca calle, pero muy simpática, de pelo rubio tirando a blanca llamada Ceniza. La dueña era una chica jovencita con una mirada triste que acababa de mudarse, y que se había casado con un actorzucho de novela de segunda categoría y aspecto de déspota. A la distancia me parece increíble pero no tengo dudas de que el patético figurante la hizo separarse de su mascota de toda la vida. El hecho es que mis viejos querían un perro para vigilar la casa y de la noche a la mañana tenía un pichicho por primera vez en mi vida.

Y no podía estar más feliz.

Ceniza tendría unos cinco años, no más, era de tamaño mediano, ni muy grande ni muy chica, y si bien no era el Einstein de los canes lo compensaba con ternura e ingenuidad. Debía ser la perrita más alegre del planeta: no había nada que la hiciera enojar. Tom era un pan de Dios, pero los gatos eran su talón de Aquiles. Furioso se ponía el loco. O al menos cuando aparecía yo, porque era tan chiquito que los gatos le pegaban y le robaban la comida. Y ni hablar de Lila, que todo lo que tiene de buena lo tiene de gruñona. Pero no Ceniza.

El caso es que Ceniza y yo estábamos juntos todo el tiempo y la llevaba a todos lados. Ceniza se quedaba en la casa semi-derruida de General Urquiza ``vigilando`` durante la noche mientras que nosotros íbamos a dormir al departamento de Deán Funes. La pobrecita se desesperaba cuando me sentía abrir la puerta a la mañana, y mi vieja le preparaba una olla de arroz que engullía en un segundo y después me la llevaba a pasear. Pasaba por la casa de Mariano y salíamos a caminar. Ya mencioné que no era la más brillante, y más de una vez se llevó por delante el vidrio del palier de entrada del edificio donde vivía Cheíto. ¡Menos mal que tenía la cabeza dura! Me acuerdo que caminábamos una banda, agarrábamos La Rioja derecho hasta Belgrano, seguíamos hasta Catamarca, le tocábamos el timbre a Charly para que bajara y de ahí enfilábamos los tres con Ceniza para el lado de Rivadavia o para el lado de Pueyrredón. Era medio surrealista andar con un perro por las calles del Centro en pleno horario laboral. Privilegios de ser un adolescente de clase media.

Por la tarde vagueábamos en la vereda de Humberto Primo y 24 de Noviembre con los Pogliano y mirábamos a las chicas del barrio. Ceniza demostró ser muy útil en este aspecto: no había una sola chica que se resistiera a detenerse y acariciarla, era como un imán de cuatro patas.

¡ESTÁS IGUAL!

Fue durante esas tardes de febrero que la dueña original de Ceniza la vio y se paró a saludarla:

—Hola Ceniza, ¿cómo estás?? — le preguntó entusiasmada

Pero la perrita ni se mosqueó. Quizás estaba muy a gusto con la inesperada atención full time que le dábamos con los chicos. O quizás estaba dolida porque sabía que la había entregado. Para mí era una combinación de ambas cosas.

Cuando el tío Dionisio empezó a comprar caños, aberturas y materiales en cantidad, apareció otra perrita. No tengo idea como, pero llegue a la casa y estaba Daisy, una versión de Ceniza más flaca, joven...y callejera. Que pasaba por la mente de mis viejos solo Dios sabe, pero imagino que pensaban en que a mayor cantidad de pichichos menos peligro de choreos. Error: los ladrones entraron como pancho por su casa y las perritas le hacían fiesta. Y encima que no servían para vigilar, juntas se potenciaban: comían como si fueran una jauría de lobos hambrientos, y aprovechaban cualquier descuido para escapar a la calle. Ceniza hacía diez metros y volvía, pero Daisy amaba la libertad salvaje y peligrosa de la ``yeca`` y llegaba a desaparecer hasta 2 o 3 días. Cuando estaba muerto de hambre aparecía en la puerta del almacén con el aliento apestando a agua estancada de cordón de vereda. Un día desapareció como de costumbre y no volvió más. Yo pensé lo peor, pero increíblemente nos la encontramos poco tiempo después paseando con nueva dueña, que la llevaba de la correa a duras penas mientras Daisy trataba de zafarse infructuosamente. La paramos, obvio, y resultó que la señora vivía a tres cuadras y la había adoptado pensando que no tenía dueño. Cosa que no estaba muy lejos de la verdad.

Y ese fue el fin de la historia con Daisy, ni tiempo de acostumbrarme a ella tuve.

Pero el tiempo pasaba, y mientras yo comenzaba las clases y Mariano se mudaba a Carlos Paz, empecé a ver cada vez menos a Ceniza. Con la construcción ya a pleno la puerta de entrada estaba siempre abierta, nadie se preocupaba si la perra salía, y Ceniza daba la vuelta a la manzana y volvía sin problema. Hasta que el diablo metió la cola: un día como cualquier otro, Ceniza estaba haciendo su paseo diario cuando un nene la quiso tocar y la usualmente tranquila mascota le mordió la mano. La furia del padre fue mayúscula y con razón: Ceniza no había sido vacunada y no teníamos un solo papel en regla. Lo que siguió fue una pesadilla, y terminó con mi pobre perrita internada en cuarentena en el Instituto Pasteur de Parque Centenario. Recuerdo ir en el Renault 12 a verla todas las semanas, y cada vez la veíamos más aterrada, la mirada perdida, incapaz siquiera de reconocernos. La tenían encerrada en una jaula diminuta, una más entre decenas de perros ladrando ensordecedoramente, a los que manguareaban con agua fría para supuestamente hacer surgir cualquier síntoma potencial de rabia.

La pobrecita sobrevivió los 40 días de tortura, pero no fue gratuito el chiste: temerosa, apagada, había perdido la chispa de ingenuidad que la caracterizaba. Para colmo de males Argentina en los finales de los 80 parecía el Viejo Oeste: híper inflación, pobreza y delincuencia pintaban el ambiente más adverso para ponerse a construir, y a la noche los cacos entraban a robar los caños, aberturas y cualquier cosa que encontraban en su paso. La pobre Ceniza recibía las rabietas de mi viejo, que empezó a dormir en el auto dentro del garaje, con el bufoso en la guantera y el corazón en la boca.

Y entonces pasó lo impensable.

La busqué a Ceniza, pero ya no estaba ahí. Según mi vieja había salido a la calle y no volvió más. A mí no me cerraba. Y cuando me ponía pesado te taladraba el cerebro sin piedad hasta sacarte la verdad:

—La llevé en el auto al Parque Patricios y la dejé ahí—, terminó admitiendo mi viejo

¿Qué decir? ¿Cómo reaccionar? ¿Existe una forma correcta de actuar frente a algo así? Como muchas otras cosas que me pasaron enterré todo recuerdo de Ceniza en las profundidades de mi subconsciente, en un lugar oscuro y olvidado, ahí donde el dolor es descarnado y la vergüenza infinita.

Y, sin embargo, casi treinta años después y con cinco de terapia mi Ceniza vuelve a aparecer en mi memoria y comprendo el porqué de mis actitudes con Tom, a quien adoptamos muy poco tiempo después: por qué en 15 años jamás lo saqué a pasear a la calle, porque pasaba horas, días y años sentado en la cocina estudiando con mis pies apoyados sobre su alargado lomo mezcla de salchicha con Fox Terrier de Tom, como si en cualquier momento fuera a desaparecer.

Me gusta pensar que la sufrida perrita encontró un alma generosa como Daisy y vivió feliz el resto de su vida. Sea como fuere, ya está en el cielo corriendo feliz con Tom. De ella en la Tierra queda su recuerdo y poco más.

Cenizas nada más.

GLOSARIO

chocotorta

La Chocotorta es un popular postre argentino sin cocción, compuesto principalmente por capas de galletas de chocolate, queso crema y dulce de leche. Las galletas se empapan en café o leche con cacao para ablandarlas, y se alternan con la mezcla de queso crema y dulce de leche. Después de formar varias capas, el postre se refrigera para adquirir consistencia. La Chocotorta se destaca por su textura suave y su sabor indulgente, y es un favorito en reuniones familiares y eventos sociales en Argentina, donde diversas variantes pueden incluir ingredientes como café, crema batida o chocolate rallado., 40, 139

Cobra

"Cobra" es una película de acción estadounidense lanzada en 1986 y protagonizada por Sylvester Stallone en el papel del teniente Marion "Cobra" Cobretti. La trama sigue a Cobra mientras se enfrenta a un culto violento llamado "Nuevos Ordenadores", liderado por el villano conocido como "El Nocturno". La película se destaca por sus intensas escenas de acción y presenta a Stallone en un papel de héroe duro y sin concesiones. Aunque recibió críticas mixtas en su lanzamiento, "Cobra" ha ganado un estatus de culto entre los amantes del cine de acción de la década de 1980, capturando la estética exagerada y estilizada característica de ese período., 21

Commodore

Commodore fue una compañía estadounidense fundada en 1954, inicialmente dedicada a máquinas de escribir y calculadoras. Ganó notoriedad en la década de 1980 con el lanzamiento de la exitosa computadora personal Commodore 64, conocida por sus capacidades gráficas y de sonido avanzadas. La empresa también produjo otras computadoras notables, como el VIC-20 y el Amiga. A pesar de su éxito inicial, Commodore enfrentó dificultades financieras en la década de 1990 y se declaró en bancarrota en 1994. Aunque la marca Commodore sigue siendo recordada en la comunidad de entusiastas de la informática retro, la compañía dejó de existir como entidad independiente, con sus activos adquiridos por diferentes empresas., 6, 11, 15, 18, 23, 25, 27, 51, 72, 146

Europe

Europe es una banda de rock sueca formada en 1979 en Estocolmo. Ganaron fama internacional en la década de 1980 con su álbum "The Final Countdown" y la exitosa canción del mismo nombre. Con un estilo de hard rock y glam metal, destacan por la distintiva voz de Joey Tempest y sus riffs de guitarra y teclados melódicos. Después de una disminución en la popularidad a fines de los 80 y principios de los 90, la banda experimentó un resurgimiento en el siglo XXI, continuando su carrera con un sonido más maduro. Aunque a menudo se asocian con el éxito de "The Final Countdown", Europe ha mantenido su presencia en la escena musical a lo largo de las décadas., 16

Martillo Hammer

"Sledge Hammer!" es una serie estadounidense de comedia que se transmitió de 1986 a 1988. Creada por Alan Spencer, la serie es una parodia del género de acción y policíaco, centrándose en el inspector Sledge Hammer, un personaje exageradamente machista, violento y torpe. La trama se desarrolla en un tono satírico, burlándose de los clichés comunes de las películas y programas de televisión policíacos. Aunque la serie tuvo una duración limitada, ha ganado un estatus de culto gracias a su humor absurdo y situaciones cómicas exageradas., 12, 16, 20

Nino Bravo

Nino Bravo fue el nombre artístico de Luis Manuel Ferri Llopis, un destacado cantante español nacido en 1944 y fallecido en un trágico accidente automovilístico en 1973 a la edad de 28 años. Conocido por su voz potente y expresiva, Bravo se destacó en la música española de la década de 1970, siendo reconocido especialmente por sus emotivas baladas románticas. Su icónica canción "Un Beso y una Flor", lanzada en 1972, se convirtió en un himno y sigue siendo una de sus obras más emblemáticas. A pesar de su vida y carrera cortas, Nino Bravo dejó un legado duradero en la música española y es recordado como uno de los grandes intérpretes de su tiempo., 24, 79, 80

RUBEN GARCIA

Pumper Nic

Pumper Nic fue una cadena de comida rápida argentina que operó desde 1984 hasta finales de la década de 1990. Destacándose por sus hamburguesas de tamaño generoso y su ambiente familiar, la cadena experimentó un rápido crecimiento y se convirtió en una opción popular en Argentina. Sin embargo, enfrentó dificultades económicas y una disminución en su popularidad, lo que llevó al cierre de muchos locales y eventualmente a la desaparición de la cadena. A pesar de su cese de operaciones, Pumper Nic sigue siendo recordada con nostalgia por aquellos que disfrutaron de sus productos durante su apogeo., 7, 17

Soda Stereo

Soda Stereo fue una influyente banda de rock en español de Argentina, formada en 1982 y compuesta por Gustavo Cerati, Zeta Bosio y Charly Alberti. Pioneros en el rock latinoamericano, fusionaron rock, new wave y pop, experimentando con sonidos innovadores. Con álbumes icónicos como "Signos" y "Canción Animal", Soda Stereo dejó un legado duradero en la música latina. Tras una exitosa carrera, la banda se separó en 1997, pero se reunió para una gira de despedida en 2007. Trágicamente, Gustavo Cerati falleció en 2014, pero Soda Stereo sigue siendo recordado como una de las bandas más importantes y visionarias de la música en español, influyendo generaciones posteriores de músicos., 12, 26

Texas Instruments 99

La Texas Instruments TI-99/4A fue una computadora personal lanzada en 1981, destacándose por su procesador de 16 bits, gráficos avanzados y sonido para la época. Diseñada para el mercado de consumo, enfrentó una fuerte competencia, especialmente de la Commodore 64 y la Atari. A pesar de sus características técnicas, la TI-99/4A no logró un éxito comercial sostenible, y Texas Instruments abandonó la producción de computadoras personales en 1984 debido a pérdidas financieras. Aunque no alcanzó el mismo reconocimiento que algunas de sus competidoras, la TI-99/4A es recordada y apreciada en la comunidad de entusiastas de la informática retro., 15, 146

OTROS TÍTULOS DEL AUTOR

Crónicas Animales
Dioses sin Censura
¡Estás Igual!
Las Nuevas Aventuras de Nasrudín
De Amores, Odios y Otras Pasiones
La Máquina de Hacer Cuentos
Leyendas Olvidadas
Emperor of Fate: The Divine Saga of Napoleon Bonaparte
WWII Amazing Facts: Uncovering The Facts And Realities Of
History's Most Devastating Conflict
Shadows In Reverie: A Collection Of Dream-Inspired Stories

9 798224 270705